未读
UnRead
－
小经典

THINKER

06

—

Jun / 2018

未讀
UnRead

「未读之书，未经之旅」

1

2

3

4

5

6

7

8

1	欢迎来到黑泉镇 ｜ 文艺家	5	无人幸兔 ｜ 文艺家
2	如何看懂艺术 ｜ 艺术家	6	萌萌的科学 ｜ 未小读
3	如何听爵士 ｜ 艺术家	7	存在主义咖啡馆 ｜ 思想家
4	月亮警察 ｜ 文艺家	8	发现的乐趣 ｜ 探索家

1

2

3

1 大家写给大家的经典神话书系 ｜ 文艺家
2 文艺复兴三部曲 ｜ 艺术家
3 企鹅手绣经典系列 ｜ 文艺家

↑
未读
天猫旗舰店

给忙碌者的天体物理学

[美] 尼尔·德格拉斯·泰森

49.80 元
2018-06

再忙，也要记得仰望星空。认识宇宙，就是重新认识自己。上市仅一年全球畅销 100 万册，售出 38 国版权。霍金科学传播奖得主、明星科学家尼尔·泰森写给每一位地球人的宇宙通识。万维钢，李淼，张双南作序推荐。

博物之美：爱德华·李尔的博物艺术传奇

[美] 罗伯特·麦克拉肯·佩克

128.00 元
2018-05

爱德华·李尔是博物学黄金时代的传奇博物画家、维多利亚女王的绘画老师，他的画作影响了西方文化和审美 200 年。本书收录了李尔 200 余幅精美植物、风景画作，并讲述了他传奇的一生。"世界自然纪录片之父"、《蓝色星球》导演大卫·爱登堡作序推荐。

鸟有膝盖吗：鸟的百科问答

[英] 斯蒂芬·莫斯

68.00 元
2018-05

本书由英国皇家鸟类保护协会出品、BBC 鸟类专家倾情编著，是关于鸟类的"十万个为什么"，也是一本全方位鸟类趣味百科。书中囊括 450 个鸟类问题，200 多幅精彩摄影作品，为各种鸟类爱好者们献上了一场关于鸟类信息的饕餮盛宴。

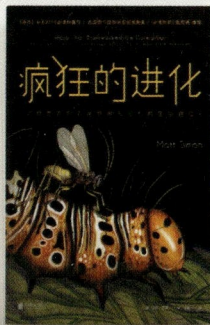

疯狂的进化

[美] 马特·西蒙

49.80 元
2018-06

著名科技杂志《连线》专栏改编，"博物君"张辰亮推荐，荣获美国图书馆协会亚历克斯奖。本书以天才的故事视角和精美的插图，带你见识生物圈那些奇特的角色，它们共同演绎了物种多样性的"怪奇物语"。

雨必将落下

58.00 元
2018-06

[荷] 米歇尔·法柏

天才短篇小说大师米歇尔·法柏成名之作！被誉为萨默塞特·毛姆与伊恩·麦克尤恩风格的首次结合。周嘉宁不吝赞美，诚挚推荐。上帝、宇宙、爱与卫生棉——无不在其笔下。《雨必将落下》收录了法柏几乎所有的经典获奖短篇，或怪诞、或温暖、或讽刺，精准捕捉当代人的生存和精神困境。

我不存在的曼彻斯特

49.80 元
2018-05

[英] 霍莉·塞登

继《困在时间里的人》之后，惊艳世界的英国新生代小说家霍莉·塞登新作。小说以其精巧的构思，巧妙编织了孪生姐妹莎拉和萝宾迥然相异的两段人生：莎拉回不了家，萝宾出不了家门。在这不同的背后究竟隐藏着怎样令人心碎的秘密？脆弱的她们又会被这些秘密裹挟着去往何方？

永夜漂流

49.80 元
2018-06

[美] 莉莉·布鲁克斯－道尔顿

群星寂然无声，唯有你我相伴在文明尽头。两位孤独者跨越时空的对话，地球末日的温柔回响。一本写给"爱无能患者"的治愈小说，宏大动人如《星际穿越》。《出版人周刊》2016年度最受瞩目新人小说。

无人幸免

55.00 元
2018-04

[加] 奥马尔·阿卡德

资深战地记者虚构美国第二次南北战争。2074年。环境污染，能源危机，海水倒灌，城市内迁，人们抬头看见战斗机的情况像曾经遇见飞鸟一样稀松平常。这一年，历史重演，南北开战。小说主人公萨拉特从难民到恐怖分子，她都经历了什么？

和孩子一起读的艺术史

198.00 元

［英］迈克尔·伯德 著　　［英］凯特·埃文斯 绘 2018-07

英国艺术史学家、教育家迈克尔·伯德以丰富的想象力将严谨的史实研究书写为 67 则优美生动的故事，文字与精美淡雅的水彩插画交相辉映，讲述了 42000 年的艺术发展历程。

如何看懂艺术

68.00 元

翁昕 2018-04

像小说一样好看的艺术史！艺术经纪人翁昕趣讲意大利艺术史，穿越回伟大艺术的诞生地看艺术，游走于罗马、梵蒂冈、那不勒斯、米兰四大古城，0 距离欣赏大师真迹，了解伟大艺术品背后的故事。有声书版同步上市，扫描书中二维码，试听作者原声朗读版 + 特别收录的艺术趣闻彩蛋。

京都好物

75.00 元

骆仪 / 主编 2018-05

200 件好物，把京都带回家。好物 × 好店 × 好宿 × 好食 × 好礼，22 种传统工艺 +88 家店铺。实地探访京都特色手工艺老铺，精选自用送礼皆宜的匠人手作。走街转巷，寻访千年古城京都魅力。随书附赠超实用京都特色购物攻略。

京都漫步

58.00 元

骆仪 / 主编 2017-01

穷游·最世界「京都」特辑！走进京都，寻访最美四季时光。京都速览 + 实地探访 + 特写栏目 + 当地声音，带你由浅入深玩转京都。33 篇深度文章 +87 个精选地标 +10 条定制线路，再现古城京都的传统风貌与今日风情。

Un-
Read
Club 未讀

【未读 Club】

△   这里不只提供有趣、实用、长知识的新鲜阅读

△

更整合了「未读」已有的优势资源
为每一位「未读」会员提供专属的优质服务。

关注【未读 Club】，你可以：

△   提前获取「未读」每月新书资讯。

△   第一时间了解「未读」重点推荐的好书，以及拥有新
    书免费试读的权利。

△   未读小店专享商品及折扣优惠。

△   拥有「未读」线上课程分享、各种线下活动的优先参
    与权。

△   加入「未读」粉丝群，结识全国各地的书友，免费参
    加丰富的社群活动，赠书、优惠券等福利随机掉落。

【未读 Club】
欢迎你的加入

瞧，这个人

[德] 弗里德里希·威廉·尼采

Ecce Homo　Friedrich Wilhelm Nietzsche

——著

刘凤怡——译

北京联合出版公司

目录

短句

绪论

[1]

由于我打算不久之后将使人类面对他们所遇到的最为严峻的考验，在这里我有必要首先声明一下我是谁、我是什么。事实上，人们应该已经对我非常了解了，因为我从未停止讲述我自己。我的使命之伟大与我同时代人的渺小之间差异悬殊，其表现就是人们既不肯听我一言，也不愿看我一眼。我全靠我的自信活着，说我仍然活着，或许只是一种偏见吧。我只需要与任何一个夏天来上恩加丁[1]消暑的文化人交谈一番，便可以使自己确信我并没有活着……在这种情况下，我有一种责任（尽管它与我的习惯不符，甚至和我高傲的天性相悖）去宣称：听着！我就是如此这般的一个

1　上恩加丁（Ober-Engadine），瑞士阿尔卑斯山地区的深长谷地。——译者注，下同。

人。看在上帝的分上，不要把我和其他人混为一谈！

[2]

我绝不是一个可怕的人，也不是什么道德怪物。我的天性与那种向来被尊为有德行的人截然相反。私下里说，这正是我引以为傲之处。我是哲学家狄奥尼索斯[1]的信徒，比起成为圣人，我更乐意做萨梯[2]这样的人。请阅读这本书吧！或许我在此以一种愉快又合适的方式成功地表达了这种对照，或许这就是本书唯一的目的。

我要许诺完成的最后一件事就是"改良"人类。我没有建立新的偶像，但愿旧的偶像能明白泥塑的双腿需要付出怎样的代价。推翻偶像（我把所有理想都叫偶像）更像是我的工作。当人们假想一个理想世界时，便剥夺了现实的价值、意义和它的真理性。"真

1　狄奥尼索斯（Dionysus），希腊神话中的酒神。
2　萨梯（Satyr），希腊神话中的森林之神，具有人形和山羊的尖耳、腿和短角，性嗜嬉戏。

实世界"和"表象世界"，用简单的英语来说，就是虚构的世界和现实。迄今为止，理想这一谎言就是对现实的诅咒。人类本能的根源由此也变得虚假和错误，以至于他们所敬奉的价值与那些可以确保人类的繁荣、人类的未来以及人类对未来的崇高权利的价值，正相反。

[3]

凡是懂得如何呼吸我著作的气息的人，都知道这是来自高原的空气，它足以使人振奋精神。人们必须对它有所准备，否则很有可能受到风寒的侵袭。冰雪在即，孤独万分，然而在阳光之中万物是多么宁静！人的呼吸是多么自由！一个人的感受是多么丰富！就我目前的理解，哲学自愿隐居于冰雪和山峰之地，它探寻存在中一切奇怪和可疑的事物，探寻被道德所禁锢的一切。基于长期漫游禁地的经验，关于人类道德化和理想化的起因，我的观点与人们普遍期望的大不相同。对我来说，哲学家的秘密历史以及他们沽名钓誉的心理，已经昭然若揭了。一个人的心灵究竟能够承受多少真理？它敢于挑战多少真理？在我看来，这些问题日益成为检验价值的真正标准。谬误（即对理想的信仰）不是盲目，而是怯懦。人们在知识中每征服一次、每前进一步，都是鼓起勇气、自我磨砺和自我净化的结果。我并不拒斥理想，我只是在它们面前戴上了手套而已。我们追求被禁锢的东西。[1] 按照这种方式，我的哲学终有一天会取得胜利。因为，迄今为止遭受着严格禁锢的，无非就是真理而已。

[4]

在我一生的著作中，《查拉图斯特拉如是说》占据着一个特殊的地位。我以这部著作给予人类前所未有的伟大赠礼。这本书的声音穿越数个世纪，它不仅是世界上最崇高的书，是真正散发着高山气息的书，而且人类全部的事实都远落其下。它也是产生于真理

1　原文为拉丁文"Nitimur in vetitum"。

最丰富之处的最深邃的书，仿佛一口取之不尽的宝井，放下吊桶无不满载金银而上。在这里，并不是一个"先知"在预言，他们被人称作宗教的创立者，就像是疾病和权力意志的可怕的混合物。如果一个人不想白白糟蹋自己的智慧，他就应该对出自查拉图斯特拉之口的平静语调足够留心：

带来狂风暴雨的是最寂静的说话。用鸽子的脚行走的思想会控制全世界。[1]

无花果从树上落下来，它们又好又甜；在它们落下时，红色的果皮开裂了。我是把成熟的无花果吹落的北风。

我的朋友们，这些教言，就像无花果一样向你们落下来；现在吸啜它们的果汁和它们的甜美的果肉吧！四周围是一片秋色、澄明的天空和午后。[2]

---

[1] 出自《查拉图斯特拉如是说》（生活·读书·新知三联书店，2007年版）第二部，"最寂静的时刻"。

[2] 出自《查拉图斯特拉如是说》（生活·读书·新知三联书店，2007年版）第二部，"在幸福的岛屿上"。

这不是一个狂热分子在说话，不是布道，也不要求信仰。我的话语是从无限光明的宝藏中、从无尽欢愉的源泉中，一点一滴地涌现出来的，节奏舒缓而轻柔。这些话语只会流入优秀人物的心头，能成为这里的听众，是一种无上的光荣。不是随便什么人只要想听就能听到查拉图斯特拉的声音。因着所有这些，难道查拉图斯特拉不是一个蛊惑者吗？当他第一次返回到自身的孤独之中时，他究竟说了些什么呢？他要说的与任何"智者""圣人""救世主"以及其他颓废者所要说的正好相反，不只是他的言辞，而且他本人也与这些人截然不同。

现在我独自走了，我的弟子们！你们现在各归各独自走吧！这是我的愿望。

确实，我奉劝你们：离开我，对查拉图斯特拉进行抵制吧！最好是：为他感到惭愧！也许他骗了你们。

有知识的人必须不仅爱他的敌人，而且能恨他的朋友。

如果永远做个弟子，这是对老师的不好的报答。你们为什么不想扯掉我的花冠呢？

你们尊敬我；如果有一天你们的崇拜垮掉了，那会怎么样？当心，别让一尊倒下的雕像把你们砸死！

你们说，你们信仰查拉图斯特拉？可是查拉图斯特拉算什么呢？你们是我的信徒：可是一切信徒又算什么呢？

你们还没有寻找过你们自己：那时你们找到我。一切信徒都是如此；因此一切信仰都没有什么意义。

现在我要求你们，丢开我，寻求你们自己吧；等你们全都不认我，我才愿意再回到你们身边来。[1]

——弗里德里希·尼采

在这美好的一天，万物都臻于成熟。不仅葡萄渐渐变成了褐色，我的生命里也射入了一线阳光。我向前后张望，我从来没有一下子看到过这么多美好的事

1　出自《查拉图斯特拉如是说》（生活·读书·新知三联书店，2007年版）第一部，"赠予的道德"。

物。今天我并没有白白地埋葬掉我的第44个年头，我有权利埋葬它——其中有生命的东西都被保留了下来，并且永存不朽。《重估一切价值》中的第一本[1]、《查拉图斯特拉颂歌》[2]和《偶像的黄昏：或怎样用锤子从事哲学》，都是这一年的馈赠，确切地说，是后三个月的馈赠。我怎么能不感谢我的一生呢？

因此接下来我要自述生平。

---

1 《重估一切价值》是尼采为一个系列的四本书暂定的书名，其中只有第一本《反基督》完成了。"重估一切价值"最后用作《权力意志》的副标题。这里指《反基督》一书。

2 英文为"The Songs of Zarathustra"。

瞧，这个人

我为何如此有智慧

我生存的幸福，或许它的独特性就在它的宿命之中：用一种奇妙的方式来说，像我自己的父亲[1]一样，我已经死去了；像我自己的母亲[2]一样，我仍然活着并且逐渐老去。这种双重根源仿佛来自生命阶梯中最高的一级和最低的一级，既是堕落又是新生，这一点如果有什么意义的话，就正好解释了我的中立状态，即我摆脱了与生存的一般问题相关的派别纷争，它使得我与众不同。对于上升或者下行的生活的最初迹象，我比仍然在世的任何人都更为敏感。在这个领域，我是彻头彻尾的大师，我熟知这两个方面，因为

1　卡尔·路德维希·尼采（Carl Ludwig Nietzsche，1813—1849），路德派的牧师和教师。

2　法兰西斯卡·奥勒尔（Franziska Oehler，1825—1897），1843 年与尼采的父亲结婚。

我自己就是这两个方面。我父亲在他 36 岁时就去世了：他待人体贴、和蔼可亲，但体弱多病，像个命中注定的匆匆过客，与其说那是生命本身，不如说是一张和善的生命催单。与我父亲生命衰老的同一年纪，我的生命也衰老了：在 36 岁时，我的生命力降到了最低点——我仍然活着，但我的眼睛无法分辨距离我三步以外的东西。那时（1879 年）我辞去了巴塞尔大学的教授职务，整个夏天像幽灵一样住在圣莫里茨[1]。第二年冬天，也是我生命中最黯淡无光的时刻，像幽灵一样在瑙姆堡[2]度过了。那是我生命的最低潮。

在这一时期，我写下了《漫游者及其影子》。毫无疑问，那时我与影子（幽灵）十分亲近。第二年冬天，也就是我住在热那亚[3]的第一个冬天，以《曙光》的形式，产生出了与极度的血肉贫乏密不可分的愉悦与灵性。这部著作反映出的纯然的清醒与喜悦、

---

1 圣莫里茨（St. Moritz），瑞士东南部度假滑雪胜地。

2 瑙姆堡（Naumburg），位于德国萨勒河畔的一个镇。

3 热那亚（Genoa），意大利北部的港口城市。

理性的丰沛，不仅与我严重的生理虚弱相一致，而且与（我遭受的）过度痛苦相符合。剧烈的头痛伴随着猛烈的呕吐持续了三天，这期间我甚至具有了高度非凡的思辨清晰性，并且极为冷静地思考了许多问题，而在我健康状态稍好一些的时候，思考起这些问题来我往往缺乏毅力，不够敏锐也不够冷静。我的读者们可能知道我在何种程度上把辩证法看作颓废的征兆，比如最著名的苏格拉底的例子。所有对于理智的病态干扰，以及伴随着发烧的半昏迷状态，直到今天对我来说仍然是完全陌生的；要想了解它们的性质与频率，我不得不求助于有关这一主题的学术著作。我的血液循环很慢，没有人能查明我发烧的原因。有一位医生在很长一段时间里把我当作精神病人治疗，最后他宣称："不！您的神经没有任何问题，倒是我有点儿神经质。"无论我由于全身疲惫而怎样遭受肠胃系统的严重衰弱之苦，都没办法查出我身上有局部衰退的现象，也查不出胃部的任何器质性病变。我的眼疾有时使我面临失明的危险，但它也只是一个结果而非原因；因为当我的整体生命状况得到改善的时候，我的视力也会提升。即使已经承认了这些，我还有必要再说明我对于颓废问题多么富有经验吗？我对于它们了解得一清二楚。就连一般意义上理解和领会的精致艺术，对于细微差异的敏锐感觉，那种明察秋毫的心理，以及我所掌握的其他所有技能，都是在那时学会的，这是那个时期的特殊馈赠，这期间所有内在于我的东西都趋于精细了——无论是观察力本身还是所有的观察器官。从病人的立场看比较健康的概念和价值，以及反过来从生活富足、自力更生的人的立场俯视颓废本能的隐蔽活动，这是我所进行的最长久的训练，是我最重要的体验。要说这里面有什么意义的话，那就是我以这种方式成为了大师。现在我对此得心应手了，我已经掌握了倒转视角的诀窍：这或许就是只有我才能"重估一切价值"的首要原因。

[2]

我除了是个颓废的人，还是个与其相对立的人。

除了别的以外，我能提出的一个明证是，每当我的精神或身体衰弱的时候，我总是会本能地选出恰当的治疗方法；然而颓废的人总是选择对自己不利的治疗方法。就整体而言，我是健康的；在某些细节上，我是颓废者。我使自己处于绝对孤独状态的能力、断绝我所习惯的全部生活状况的能力，我的自我强制，我拒绝让自己被娇惯、拒绝被妥善照料、拒绝就医，这些全都暴露了我本能地决定我对当时最需要什么的绝对确信。我把我交到自己手上，我使自己恢复健康：正如每位心理学家都会承认的那样，在这项事业中取得成功的先决条件就是一个人在本质上应该是健康的。本质上的病态性不可能变得健康。另一方面，对于本质健康的本性来说，疾病甚至可以成为对生命强有力的刺激，使生命更加丰盈。按照这一点，我现在觉得我长期以来所经受的病痛仿佛使我再一次发现了生命，发现了新的自我。我体会着所有美好的事情，甚至是一些琐事，而其他人很难以这种方式体会它们。出于我对健康和生命的意志力，我创造了自己的哲学。需要充分理解的一点是，正是在我生命力最低落的那几年，我停止了继续做一个悲观主义者。自我恢复的本能不允许我继续坚持贫穷和绝望的哲学。那么，我们靠什么来从众人之中分辨出卓越之人呢？我们通过如下事实识别他们：一个卓越的人能使我们的感官获得愉悦，他仿佛由一整块奇木雕琢而成，那木头质地坚硬、色泽温润，而且散发出迷人的芳香。他只欣赏对他有益的东西，一旦超越了对他有益的限度，他的快乐和欲望就会停止。他发现了疗伤的良药，他知道如何把严重的意外事故变成对他有益的东西，凡是杀不死他的都将使他更加强大。他本能地汇集他所见、所听、所体验到的一切。他就是择优的原则，他拒绝了很多东西。无论是读书、与人交往，还是欣赏自然风光，他总是与自己相伴。凡是他选择、认可、信任的东西，他都予以尊重。他对各种刺激反应缓慢，慢条斯理是长期的谨慎和有意的高傲造成的，他用这种缓慢来检验即将来临的各种刺激，他不会幻想在半路就碰到它。他既不相信"厄运"，也不相信"罪责"；他既能理解自己，又能理解别人。他懂得如何遗忘：他强大到足以使一切事物成为对他有益的东西。

瞧！我正是颓废者的对立面，因为我所描述的不是别人，而恰恰是我自己。

[3]

这种双重经验意味着通向两个表面看起来相隔甚远的世界的道路，在我的本性之中可以详细地找出与它相对应的东西。我就是我自己的补充：除了第一个视野，我还有第二个视野，或许，我还有第三个。由于我血统的独特性质，我可以做出超越局部、超越民族、超越有限视角的展望。成为一个"善良的欧洲人"，对我来说毫不费力。另一方面，我可能比现代的德国人、纯帝国时代的德国人更像德国人，我是最后一个反政治的德国人。我的祖先是波兰贵族，或许因此我的血液里就有了许多种族本能，谁知道呢？甚至还有自由否决权，我想到旅途中遇到的很多人都说我是波兰人，连波兰人自己也这么说。我却很少被当成德国人，这或许是因为我身上的德国性非常少。然而我的母亲，法兰西斯卡·奥勒尔无论如何都是地地道道的德国人，同样，我的祖母埃德姆特·克劳泽[1]也是地地道道的德国人。我祖母的青年时期是在古老而美丽的魏玛[2]度过的，她与歌德的圈子不无关系。她的兄弟，柯尼斯堡[3]的神学教授克劳泽，在赫尔德[4]死后应召担任魏玛教区总会长。她的母亲，我的曾祖母，以"穆特根"（"Muthgen"）之名出现在青年歌德的日记中，并不是不可能的事情。我的祖母结过两次婚，并且她的第二任丈夫就是艾伦堡[5]教区会长尼采。1813年，正是大战之年，当10月10日拿破仑率领参谋部进驻艾伦堡的时候，她生下了一个儿子。作

1　埃德姆特·克劳泽（Erdmuthe Krause，1778—1856），尼采的祖母。

2　魏玛（Weimar），位于德国中部的联邦州图林根，埃特斯山的山脚下，伊尔姆河的河畔。

3　柯尼斯堡（Königsberg），即今俄罗斯加里宁格勒州首府加里宁格勒，位于桑比亚半岛南部。

4　约翰·哥特弗雷德·赫尔德（Johann Gottfried Herder，1744—1803），德国哲学家、路德派神学家。其作品《论语言的起源》成为狂飙运动的基础。

5　艾伦堡（Eilenburg），德国萨克森州的一个市镇。

为一名萨克森人，她强烈崇拜拿破仑，或许我也是如此。我的父亲生于1813年，死于1849年。

在他担任距离吕岑[1]不远的洛肯[2]教区的牧师职务之前，他在阿尔滕堡[3]宫廷待过几年，在那里他曾负责四位公主的教育工作。他的学生分别是汉诺威的女王、康斯坦丁的女郡主、奥尔登堡的大公夫人和萨克森-阿尔滕堡的特丽萨公主。他深深地敬重普鲁士国王弗里德里希·威廉四世[4]，正是这位国王恩准了他在洛肯的牧师职务，1848年的事件使他极为受伤。我生于10月15日，因为这一天正好也是这位国王的生日，于是我自然地获得了霍亨索伦（Hohenzollern）皇族的名字弗里德里希·威廉。生在这一天的一个好处就是，整个童年时期我生日那天都会举国欢庆。我为拥有这样一位父亲而深感荣耀，这份荣耀包含了我

---

1 吕岑（Lützen），德国的一个自治区。

2 洛肯（Röcken），以前是德国的一个村庄和自治区，自2009年7月1日起被归入吕岑。

3 阿尔滕堡（Altenburg），德国东部的一个城镇。

4 又译腓特烈·威廉四世。

所能说出的一切，除了生命以及对生命的伟大肯定。我认为都是因为他的缘故，我不必怀有任何特定的意图，只要付出一点耐心，就可以自然地融入高尚而精美的世界。在那里我感到宾至如归，也只有在那里我内心最深处的激情才能得到释放。尽管为了这份荣耀我几乎付出了生命的代价，但它却不是一桩亏本买卖。哪怕只是想对我的查拉图斯特拉稍加了解的人，他也必须置身于与我相似的境地，必须像我一样被构建出来——把一只脚踏在生命的彼岸上。

[4]

即使在我认为最值得激起别人对我的敌意的时候，我也根本不知道这种技巧，这一点我仍要感谢我无与伦比的父亲。无论我如何非基督教化，我都从未经受过人对我的恶意。如果你愿意纵观我的一生，你也许会发现别人对我展露恶意的痕迹，但这是极少的，甚至可以说只有那么一次，然而你却会发现非常多善意的迹象。即使是那些令人讨厌的人，我的经验都能毫无例外地博得他们的好感。我能够驯服熊，我能让粗人举止得体。我在巴塞尔大学教授高年级希腊文的七年间，从来没有惩罚过学生，即使是最懒惰的年轻人在我的课上也非常勤奋。对于意外事件，我总能应对自如。我必须能够即兴，以便保持镇定自若。无论何种乐器，即使是"人"这种走调的乐器，如果我没能用它弹奏出美妙的乐曲，那我肯定是生病了。我经常听那些"乐器"说起自己从未发出过如此动人的声响。最让我高兴的曲调也许就是来自那个英年早逝的年轻人海因里希·冯·施泰因[1]，他在审慎询问并且得到许可之后，曾在锡尔斯 - 玛利亚[2]旅居了三天，他告诉那里的所有人，他并不是为了恩加丁而来。这个卓越的年轻人以其普鲁士青年贵族的激烈单纯性深陷在瓦格纳[3]的泥沼之中（还

1　海因里希·冯·施泰因（Heinrich von Stein，1857—1887），德国哲学家、作家，瓦格纳的家庭教师。

2　锡尔斯 - 玛利亚（Sils-Maria），瑞士东南部城市，尼采旧居所在地。

3　瓦格纳（Wihelm Richard Wagner，1813—1883），德国著名作曲家、指挥家，古典音乐大师。

有杜林[1]的泥沼！），在这三天中，他就像受到了一场自由风暴的感召，仿佛骤然生出羽翼振翅高翔。我一再告诉他，这是高山上清新空气的作用，任何一个人站在海拔比拜罗伊特[2]高6000英尺的地方都会有这种感受，但他不愿意相信我的话。尽管如此，如果有人曾对我进行过很小的恶作剧或者严重的冒犯，这些并不是出于"故意"，也绝不是被恶的意志所驱使的。恰恰相反，正如我已经暗示的那样，我要抱怨的正是善的意志，它们给我的生命带来了不少祸害。我的经验使我有理由怀疑所谓"无私的"冲动，以及随时准备给予帮助和建议的"睦邻之爱"。对我来说，这些冲动就是软弱的表现，是无力抵抗刺激的范例——只有在颓废者那里，这种同情才算得上美德。我要指责这些具有同情心的人太容易遗忘羞耻感、敬畏感和敏锐感，正是敏锐感使人懂得如何保持适当的距离。过

---

1 杜林（Eugen Karl Dühring，1833—1921），德国哲学家、庸俗经济学家，被认为是小资产阶级社会主义的代表。
2 拜罗伊特（Bayreuth），德国巴伐利亚州的一个城镇。

分的同情散发着下层民众的气味儿，而且与恶劣的举止非常近似。有同情心的人可能会灾难性地陷入一场生死攸关的命运，一种痛苦的孤独，一种负有重大罪过的特权。我认为，克服同情心也算一种高尚的美德。我在《查拉图斯特拉的诱惑》[1]中设想了这样一个情景，一声巨大的痛苦的呼喊传到他的耳朵里，同情就像临终的罪孽一样向他袭来，要让他背弃自己。在这种情况下仍要保持自我，保持自己高尚使命的纯洁性——从卑鄙可耻、缺乏远见的冲动之中保持纯洁，正是这些冲动引发了所谓无私的行为。这是查拉图斯特拉这样的人必须经历的磨难，也许是最后一个考验，这是对他力量的真正证明。

[5]

另一方面，我不过是我父亲的再生，是他那过早逝世的生命之延续。有一种人从未享受过平等待遇，

1　尼采于 1888 年秋计划以此为题出版《查拉图斯特拉如是说》第四部。

对于他们来说"报复"这个概念和"平等权利"概念一样难以理解，我就像是这种人。当遭受大大小小的愚蠢迫害时，我不允许自己采取任何安全措施或保护措施，也不进行任何防卫或辩解。我的报复方式在于尽可能快地用明智的举措对待愚蠢的行为，这样做或许还有可能压倒它。用比喻的方式讲，为了摆脱怨恨的体验，我会寄去一罐果酱。如果有人得罪了我，我肯定是要"报复"回去的，他可以确信这一点：很快我就会找一个机会向作恶者表示谢意（甚至对恶行表示谢意），或者向他请求一些东西，这要比给他什么东西更有礼貌。在我看来，最粗鲁的字词、最粗鲁的话语也要比沉默更加友善、率直。那些保持沉默的人的内心往往缺乏敏锐和优雅，沉默即是反对，强忍不满必然会使脾气变坏，甚至还会导致肠胃不适。所有沉默的人的脾气和肠胃都不太好。可以看出，我并没有轻视粗俗，它是迄今为止最富有人情味儿的反驳形式。在柔弱之风盛行的现代社会中，它甚至是我们最重要的美德之一。如果一个人十分粗俗，即使他很无理也算是一种幸福。如果上帝降临人世，他专行无理之事——不是承受惩罚，而是担当罪责，这就是神性的首要证明。

[6]

摆脱怨恨，理解怨恨，有谁知道因为这两件事我是多么感谢我那长久的疾病啊！问题不是那么简单：人们必须从强壮和虚弱中有所体验。如果疾病和虚弱将会面临什么指控的话，那就是当它们盛行的时候，人类恢复的本能，也就是人们身上的防御本能和战斗本能会变得衰落。他不知道如何避开麻烦，如何做出妥协，也不知道如何抛弃事物。任何东西都会伤害到他。人和事纠缠不断，所有经验都留下深刻印象，回忆就像是化脓的伤口。生病本身就是一种怨恨。为了抵抗这种怨恨，对于病人来说只有一剂良药，我把它叫作"俄罗斯式宿命论"，也就是那种放弃反抗的宿命论。当一个俄罗斯士兵觉得战役难以承受时，他就运用这种宿命论把自己放倒在雪地上，什么都不再接受，什么都不再承担，什么都不再吸收，完全终止一切反应。这种宿命论的精妙智慧在于，它不仅仅蕴含慷慨赴死的勇气，而且在极端危险的情境中可以激发出自我保存的方法，把生命活动缩减到最低的必要限度，减缓新陈代谢就像是一种冬眠的意志。沿着这个方向继续深入，那就是苦行僧了，他们可以在墓地里一睡就是好几个星期。如果一个人凡事都要做出反应，那么他很快就会筋疲力尽，于是他就根本不做任何反应了：这就是原理。没有什么比怨恨的激情更能消耗人的精力了。羞耻，病态的敏感，无力进行报复却渴望报复的心理，各种"毒药"的混合，这确实是筋疲力尽的人可能想出来的最有害的反应方式。它会迅速耗费人的精神能量，并且导致有害分泌物（比如流进胃里的胆汁）激增。对于病人来说，怨恨是最大的忌讳，是不同寻常的威胁，然而不幸的是，它也是他们极为自然的倾向。那位渊博的生理学家，佛陀，深谙此道。从其战胜怨恨的效果上来看，为了避免与基督教这样卑劣的信条相混淆，我们把他所创立的"宗教"称为"养生学"或许更好一些：使心灵从怨恨中解脱出来，这是迈向康复的第一步。敌意终结不了敌意，只有友好才能终结敌意：这是佛陀教义的开端。它不是道德的指令，而是生理学的告诫。由虚弱造成的怨恨对虚弱者本身危害最大，反之，对于一个天生精力充沛的人来说，怨恨就是多余的情感，对怨恨的驾驭即是其丰沛精力的证明。有一些读者知道我的哲学是以怎样严肃的态度向复仇感、怨恨感发起战争的，甚至发展到了攻击"自由意志"学说的地步（我与基督教的冲突只是其中一个特例），他们也将能够理解我为什么要在这里阐明我个人的态度，以及在这个问题上我对自己实践本能的确信。在我比较颓废的时候，我禁止自己沉溺于上述这些情感，因为它们对我有害；当我的生命恢复到精力充沛的全盛状态时，我仍然不允许自己具有这些情感，但这次是因为它们与我不相称。我所谈到的那种"俄罗斯式宿命论"在我身上是这样体现出来的，多年以来我顽强地固守着那些偶然出现而又难以忍受的环境、场合、居所和同伴，这比改变它们更好些，比感觉到它们是可改变的更好些，比反抗它们更好些……凡是阻碍我奉行这种宿命论的人、想要粗暴地唤醒我的人，都被我视作死敌。事实上，他们每次这么做的时候都有致死的危险。把自己视作天命所归，不希望自己"有所改变"，这恰恰就是这种情况下的大智慧。

[7]

另一方面，战斗是不同的事情。我生性好战，进攻是我的本能。有能力与人为敌，成为某人的敌人，这些都需要以强大的天性为前提，并且受到强大的天性的影响。这样的天性需要反抗，因此它们到处寻求阻碍。好斗的激情必然地属于强者，正如复仇感和怨恨感必然地属于弱者一样。举例来说，女人具有强烈的报复欲望，她的虚弱中蕴含这种激情，也使得她对他人的苦楚十分敏感。攻击者的实力可以从他的对手（的实力）来估量，每一次力量的提升都通过寻求更难应付的对手或者更难解决的问题而显现出来：因为一个喜欢争论的哲学家也要向问题挑战、决斗。其使命不是要战胜一般意义上的对手，而是要战胜那种与之作战时需要倾注所有力量、技巧和剑术的对手，也就是与自己实力相当的对手。势均力敌，这是一场正派的决斗的首要条件。如果蔑视对手，就不会发动战斗。如果采取发号施令或者居高临下的做法，那就不应该发起战斗。我的作战策略可以归结为四点：第一，我只攻击那些胜利者，如果有必要，我会等到他们成为胜利者后再开战。第二，我只攻击那些在它们面前我没有盟友、必须孤军作战的事物，我不连累任何人……我从未在公众面前进行一项无损我名誉的活动：这就是我对于恰当行为规范的标准。第三，我从不搞人身攻击。我把个人当作放大镜，借此使那些一般的但又难以察觉和注意到的恶行变得显明。我曾以这种方式抨击大卫·施特劳斯[1]，更确切地说我所抨击的是一部老朽之作在德国文化界的巨大成功，并且当

1　大卫·施特劳斯（David Strauss, 1808—1874），德国哲学家、史学家，著有《耶稣传》等。

场揭穿了这种文化的本质。我还以这种方式攻击过瓦格纳，更确切地说我所抨击的是我们文化中虚伪和混杂的本能，它混淆了精致与强壮，混淆了软弱与伟大。第四，我只攻击那些排除了个体差异的、没有任何不友善经验背景的事物。相反，在我看来攻击恰恰是善意的证明，甚至在某些特定的情况下，还是感激的证明。我以攻击的方式表达自己对某物的尊重，从而使得它与众不同。我把我的名字与某种制度或者某个人的名字联系在一起，表示赞成或者表示反对，对我来说并没有什么不同。如果我向基督教宣战，我是有权这样做的，因为在这方面我还没有遭遇过什么致命的经历和困难，即使是最虔诚的基督徒也对我非常友善。我本质上是基督教的宿敌，我决不同意把数千年来的厄运施加在个人身上。

[8]

我还能斗胆表明一下我的天性中使我难以与人交往的最后一个特征吗？我天生被赋予一种洁净感，它非常敏锐，以至于我能从生理学上断定，我能够嗅到邻近的，或者更确切地说，嗅到最内在的东西，嗅到每个人灵魂的"内脏"……我这种敏感是以生理学上的触角为来源的，它使我可以探察和掌握一切秘密：有些人内心深处隐藏了许多污秽之物，这或许是卑劣血统的必然产物，尽管因为受了教育而得到了粉饰，我还是一眼就能看破。如果我的观察没错的话，被我的清洁感所拒斥的那些人，他们自己也意识到了我由于厌恶心理而引发的谨慎态度，但这些人的气味却并没有因此而变得更加芳香……按照我长久以来遵守的习惯，纯净的环境和对自我的诚实乃是我生存的首要条件，不洁的环境将会使我死亡。我仿佛持续不断地在澄澈透明、波光粼粼的水中游泳、沐浴和嬉戏。这就解释了为什么在与人交往的过程中，我的耐心经受了巨大的考验。我的人性不表现为我能够理解别人的感受，而表现为我能够忍受这种理解……我的人性就是一个从不间断的自我克制的过程。但我仍然需要孤独，我要说的是康复，是返回自我，是呼吸自由、清爽、振奋精神的空气……假如人们理解了我,他们就会明白整部《查拉图斯特拉如是说》就是一首向孤独和纯洁致敬的赞美诗。谢天谢地,它不是在赞美纯粹的愚蠢!色彩感丰富的人会把查拉图斯特拉称作一颗钻石。对于人类、对于粗俗民众的厌恶,始终是我最大的危险。你们愿意听一听查拉图斯特拉所说的关于摆脱厌恶的那些话吗?

可是我的情况怎样呢?我怎样从恶心感中解救我自己呢?谁使我的眼睛变得年轻呢?我怎样飞上不再有任何贱民坐在泉水边的高处呢?

我的恶心本身为我创造了翅膀和预感到泉水的力量吗?确实,我必须飞上最高处,让我再找到快乐之泉!

哦,我找到它了,我的弟兄们!在这儿的最高处涌出快乐之泉!这里有着没有任何贱民参见共饮的生命!

快乐之泉啊,你为我差不多涌出得太猛了!你为了想让我的杯子盛满,你常常又把杯子倒空!

我还必须学会更谦虚地走近你：我的心仍然过于猛烈地向你涌流——

我的心，在它上面燃烧着我的夏天，短暂的、炎热的、忧郁的、快乐的夏天；我的炎夏之心是怎样渴望你的清凉！

迟迟不肯离去的我的春天的哀愁过去了！像六月雪一样意外的我的恶意过去了！我完全变成夏天和夏天的中午！

有着清凉的泉水和至福的宁静的最高处的夏天：哦，来吧，我的朋友们，让这种宁静更充满至福！

因为这是我们的高处和我们的家乡：我们住在这里，对于一切不洁者和他们的焦渴，是太高而陡峭了。

尽管把你们的纯洁的眼光投向我的快乐之泉吧，你们众位朋友们！泉水怎会因此变得浑浊哩！它将以它的纯洁对你们笑脸相迎。

我们在未来之树上筑我们的巢；大鹰将把食物衔在嘴里给我们这些孤独者送来！

确实，这不是不洁者可以参加共食的食物！他们会误认为是吞了火而烧伤了他们的嘴!

确实,这里没有我们为不洁者准备的住处!我们的快乐,对于他们的肉体和精神,将被称为冰窟!

我们要像强烈的风高踞于他们之上,与大鹰为伍,与雪为伍,与太阳为伍:强烈的风就是如此生活着。

有一天,我还要像一阵风吹到他们当中,用我的精神夺去他们的精神的呼吸:这是我的未来所愿望的。

确实,查拉图斯特拉对于一切低地,乃是一阵强烈的风;他对他的敌人和一切吐唾沫的人作如是的忠告:"当心不要对风吐唾沫!"[1]

1　出自《查拉图斯特拉如是说》(生活·读书·新知三联书店,2007年版)第二部,"贱民"。

我为何如此聪明

我为什么比别人知道得更多？我为什么如此聪明？我从未思考过那些不成问题的问题，我从不挥霍自己的力量。比如说，我没有体验过任何实际的宗教困难，我也从来不知道觉得自己有罪是什么样的感受。同样地，我缺乏一种判定内疚感的可靠标准，根据大家所说的来看，内疚感似乎并不是一种值得称道的东西。我不想事后弃我的行为于不顾，我更倾向于把坏的后果和局面彻底地从行为价值的问题中排除。在面对恶劣情况时，人们很容易失去看待自己所作所为的正确立场。在我看来，内疚感就是一种"罪恶之眼"。失败的东西正因为它失败了才更值得敬重，这更符合我的道德观。"上帝""灵魂不朽""救赎""来世"这些概念，即使在孩童时代我也完全没有留意过，更不曾为它们浪费过半点时间，或许是因为在这方面我从来都不够天真？在我的生命里，无神论不是作为结果，也不是作为事件而存在：它是我与生俱来的、出自本能的选择。我太过好奇，太过疑虑，太过精神饱满了，以至于无法满足于如此粗浅而拙劣的解答。上帝就是这样一个粗浅而拙劣的答案，在我们这些思想家看来，他根本不够敏锐。对我们而言，他不过是一道粗俗无礼的禁令：你们不准思考！……我对另一个问题更感兴趣，"人性的救赎"对它的依赖程度远远超过了对任何神学奇迹的依赖——我指的是营养问题。一般可以这样来表述："为了获得最大限度的能量，或者文艺复兴风格的德性、那种摆脱了尖酸刻薄的德性的最大值，你应该如何进食呢？"在这方面，我的经验糟糕至极。我惊讶于自己这么晚才发现这个问题，也惊讶于从经验中得出理性结论竟然耗费了我这么多的时间。只有德国文化中毫无价值的"唯心主义"思想，才能在某种程度上解释我为什么在这方面如此落后，以至于我对这个问题的忽视似乎也显得理所当然。这种文化自始至终只教导人们忽视真实的事物，而去追求那些彻底成问题的、所谓的"唯心主义"的目标，比如"古典文化"，就好像试图把"古典的"与"德国的"综合在一个概念里，不是从一开始就毫无希望的事情。试想对于一个受过古典文化教育的莱比锡[1]人来说，是多么滑稽啊！事实上，直到成年我吃得都很差，用道德的方式讲，就是"非个人的""无私的""利他的"，这都是为了彰显厨师和其他基督徒的荣耀。正是由于莱比锡流行的烹调技术和我最初对叔本华[2]的研读（1865年），使我十分郑重地放弃了我的"生存意志"学说。要是想让自己营养不良、肠胃受损的话，我上面提到的莱比锡烹调法可以非常完美地解决这个问题。（据说1866年情况有所改善。）至于一般的德国烹调法，它怎么能不受一点谴责呢？饭前汤（在16世纪威尼斯的烹调书上，它还

1　莱比锡（Leipzig），德国中部偏东的一个工业城市。
2　叔本华（Schopenhauer，1788—1860），德国哲学家，代表作《作为意志和表象的世界》。

被看作是德意志风格的）、煮得烂熟的肉、跟肥肉和面粉一起合煮的蔬菜，还有蜕变成镇纸的油酥点心！

如果你联想到古代德国人（不单单是古代德国人）饭后如野兽般狂饮的习惯，那么你也就能够理解德国精神起源于何处了——那就是极其紊乱的肠胃系统。德国精神就是消化不良症，它消化不了任何东西。与德国和法国的饮食方式相比，我认为英国式的节制饮食更像是一种"向自然的回归"，也就是返回同类相食（cannibalism）的状态。但即便是这种饮食法也与我的本能深刻对立。在我看来，它是给了精神一双沉重的脚——英国女人的脚。最好的是皮埃蒙特[1]的烹调法。酒精饮品不合我的胃口，一天喝一杯葡萄酒或者啤酒就足以使我的生活翻江倒海，在慕尼黑住着许多与我相反的酒量很大的人。虽然我很晚才真正意识到这一点，但早在孩提时代就已经有所体验了。我很小的时候就认为饮酒和吸烟起初只不过是青年人的虚荣

1　皮埃蒙特（Piedmont），意大利北部地名。

心，后来逐渐演变成为恶习。或许这个否定性的判断要部分地归咎于瑙姆堡的葡萄酒。为了要相信酒可以使人兴奋，我应该先成为一个基督徒，换句话说，我就得去相信我觉得荒谬的东西。说来奇怪，少量的被高度稀释了的酒会使我身体不舒服，而大量的酒却会让我像水手一样纵情嬉闹。当我还是孩子的时候，我就在这方面有过勇敢的表现。为了在一个晚上的时间内完成一篇很长的拉丁论文的写作、修订和誊写，为了激励自己仿效我的偶像撒路斯提乌斯[1]文笔的精确和简洁，我曾经喝下少量高浓度的格罗格酒[2]，这发生在我就读于古老庄严的普福塔中学期间。尽管这种做法与我的生理状况丝毫不相违背，或许也不违背撒路斯提乌斯的生理状况，但却与声望卓著的普福塔中学极不相称。后来，快到中年时，我越来越抗拒酒精饮品了：我作为一个反素食主义者，曾经体验过素食主

1　撒路斯提乌斯（Sallust，公元前 86—公元前 35 年），古罗马历史学家。著有《喀提林阴谋》《朱古达战争》等。

2　格罗格酒（Grogs），用朗姆酒、威士忌等烈性酒加水勾兑而成。

义的感觉，就像瓦格纳曾经体验过素食主义的感觉一样，正是他使我重新开始吃肉的，但我还无法十分严肃地劝告那些有灵性的人彻底戒酒。喝水就足够了。我偏爱那些随处可以从流淌的小河中饮水的地方（比如尼斯、都灵、锡尔斯）。真理蕴藏在酒中：在这里，关于"真理"的概念，我似乎又一次与世人发生了分歧，对于我来说，精神浮动在水面上。我的道德观中包含一些启示。一顿饱餐要比只吃一点更容易消化。消化良好的首要条件就是整个胃部都运作起来。人们需要了解自己的胃有多大。基于同样的理由，那些无休无止的大餐，也就是可以在任何客饭（table d'hôte）上见到的、我称之为断断续续的献祭盛宴的东西，应该遭到强烈反对。在两餐之间不应该吃任何东西，不要喝咖啡——咖啡使人沮丧。茶，只有在早上喝才有益处，量要少，但得足够浓才行。茶如果稍微淡一点都是非常有害的，它会使你一整天都精神低落。在这方面，每个人都有自己的标准，不过变动的范围是微乎其微的。在使人失去活力的气候中，不适合一上来就喝茶，最好是在喝茶前一个小时喝一杯脱油的浓可可。尽可能少坐，不要相信任何不是在户外、在自由的身体运动伴随之下产生的思想，也不要相信那些肌肉在其中没得到舒展的思想。所有的偏见都起源于肠道，就像我在别处所提到的，久坐不动的生活是违背神圣精神的真正罪过。

[2]

营养问题与地点和气候密切相关。没有人能够随心所欲地在任何一个地方生存下去；那些肩负着伟大使命的人，尤其是当这些使命需要他倾尽全力的时候，在这方面没有多少选择的余地。气候对身体功能的影响，也就是加速或者减缓新陈代谢的作用是相当大的，以至于只要在选择地点和气候上稍有差池，就将使得他与自己真正的使命相疏离，与自己的使命相阻隔，他甚至永远都无法看到它。他也没办法获得足够的动物性元气，从而抵达那种极致的艺术自由，而这种自由使他的灵魂向他发出低语：唯有我才能担此重任。要是肠道里有一丝滑向懒惰的倾向，一旦它变成了习惯，就足以使天才变得普通，沦为某种"德国式"的庸人。光是德国的气候就可以让最强壮、最英勇的肠道萎靡不振了。身体功能的节奏与精神步伐的敏捷或者迟钝紧密相关，的确，精神本身只不过是新陈代谢的一种形式。我们可以列举出那些曾经产生过并且正在产生天才人物的地方，在那里，风趣、狡猾和恶意都被视为幸福，在那里天才们都感觉轻松自在：所有这些地方都拥有极其干燥的空气。

巴黎、普罗旺斯、佛罗伦萨、耶路撒冷、雅典，这些名字共同证实了一件事情，即：天才的产生有赖于干燥的空气和纯净的天空，也就是说，有赖于迅速的新陈代谢，有赖于为自己获得大量乃至巨大力气的持续不断的可能性。我知道这么一个事例，一个天资卓越而精神独立的人，仅仅由于他的本能中缺乏对于气候的敏锐性而逐渐沦为一个狭隘、懦弱的专家，一个性情乖戾的怪人。如果不是疾病迫使我变得理性并且现实地反思理性，我自己也会落得这样一个下场。

现在，通过长期的实践，我已经能在自己身上解读出气候和气象作用的效果，就像从一个十分精密而可靠的仪器中解读出来。即使是在从都灵[1]到米兰[2]的一次短途旅行中，我也可以通过对自己进行生理学上的观察而推算出空气湿度的变化。我惊恐地意识到一个非常可怕的事实，我的一生除了最近十年（也是最为危险的十年）之外，都是在一些错误的、对我来说简直是禁地的地方度过的。

瑙姆堡、普福塔、整个图林根、莱比锡、巴塞尔以及威尼斯，这么多地方对我的生理状况来说都是不幸之地。如果我不能回忆起童年和青年时期的任何一件快乐的往事，但要是认为这是由于什么所谓的"道德"原因导致的，那就是愚蠢至极。比如，我缺乏足够令我满意的伙伴。这个事实直到今天依然如此，可是它并没有妨碍我成为快乐而勇敢的人。然而，对生理

---

1 都灵（Turin），意大利西北部的一个城市，位于波河河畔。
2 米兰（Milan），意大利北部的一个城市，是重要的商业、金融、文化和工业中心。

问题的无知——那该死的"唯心主义"——是我生命中真正的祸患。这是我生命中多余和愚蠢的部分，从中产生不出任何有价值的东西，对此也不存在任何解决和补偿的办法。我把所有的错误、本能的严重失常以及"谦虚"使得我背离自己生命的使命，这些都视作这种"唯心主义"的产物。比如，我成为了一名语言学家，至少要问一下为什么不是成为一名医生，或者成为其他可以打开我视野的人物呢？在巴塞尔的时候，我的全部精神生活包括我的日常时间安排，都是在毫无意义地滥用我非凡的精力，对于我所消耗的力量没有任何补偿，我甚至不去想我所挥霍的东西以及应该如何填补损耗所产生的空缺。我过去在自我方面不够精细，也不懂得如何保护极为重要的本能。我曾将自己的自我与其他人的自我相等同，处于一种"无私"的状态中，忘记了要与其他人保持距离。简而言之，这是我永远无法原谅自己的一点。当我几乎走到了生命的终点时，由于我的生命将尽，我才开始反思我生命中基本的荒谬——"唯心主义"。正是疾病最先使我重返理性。

继营养、地点和气候的选择之后，第三点是关于休养方式的选择，在这一点上，人们绝不能出错。在这里，根据一种精神借以变得独特的程度，一个人可以允许自己的限度，换句话说，对他有益的限度变得越来越狭窄了。就我而言，一切阅读都属于我的休养方式。因此，它属于使我摆脱了自己，使我漫游于陌生的科学和陌生的灵魂之中的事物——就是我不再严肃对待的那些东西。事实上，阅读使我从自己的严肃中得到休息。当我深深地沉浸在工作中的时候，触手可及的范围里不会放置任何一本书，我也绝不会允许任何人在我面前说话甚至是思考，因为那样就等于是在阅读了……有人曾经注意到吗？孕育思想的状态不仅使心灵，而且根本上使整个机体都陷入了一种高度紧张之中，当处于这种高度紧张之中时，意外事件和任何一种外部刺激都会产生强烈的作用和深刻的打击？尽可能远地避开意外事件和外部刺激：自我壁垒是精神孕育的一种首要的本能的防范措施。

我应该允许陌生的思想偷偷翻进墙头进行窃取吗？这其实就是阅读的含义啊……继我的劳作和收获时期之后是修养时期：过来吧，你们这些令人愉悦的、充满知性和智慧的书籍！我应该读德国书吗？我必须追溯到六个月以前，当时我随手抓起了一本书。它是本什么书呢？是维克多·勃罗查德[1]所写的一部关于名为《希腊怀疑论者》的杰作，在这部著作中，我的《拉尔修》一文也得到了很好的运用。在众多双面甚至多面的哲学家族群中，怀疑论者是唯一值得尊敬的类型。平时我几乎总是遁入同样的几本书里，为数不多，但都非常符合我的口味。或许我的本性并不适合阅读数量巨大、种类繁多的书——图书馆令我感到不舒服。我天生不喜欢多而杂的事物。我对于新书的本能感觉更类似于怀疑甚至是敌意，而不是"宽容"、大度或者其他形式的"博爱"……只有很少的几位早期法国作家，是我一再回顾的。我只

1　维克多·勃罗查德（Victor Brochard，1848—1907），法国哲学家，著有《希腊怀疑论者》。

信奉法国的文化，欧洲其他自称为"文化"的东西不过是一种误解罢了。我甚至完全不把德国的文化纳入考虑范围……我在德国见到的极少的几位文化修养比较高的人，究其根源都是法国人。最深刻的事例是柯西玛·瓦格纳[1]夫人，她是迄今为止我听说的品位最超群的人。我不读帕斯卡尔的作品，但我确实很喜欢他。作为一个天生的基督教的牺牲品，他是一点一点地被残害的，首先是肉体上，然后是精神上，这是按照基督教一贯的惨无人道的可怕形式来进行的。没准儿我的灵魂里有某种蒙田式的调皮，也没准儿是在我的身体里，谁知道呢？我的艺术鉴赏能力为莫里哀、高乃依和拉辛等大家辩护，[2]却不无怨恨地抵制莎士比亚这样狂野的天才。然而这些并不妨碍我把当今的法国人也视作迷人的伙伴。我想不到历史上有哪一个世纪的心理学家，能比今天巴黎的心理学家更为好

1　柯西玛·瓦格纳（Cosima Wagner，1837—1930），作曲家、钢琴大师李斯特的第二个女儿，理查德·瓦格纳的第二任妻子。

2　莫里哀（Moliere，1622—1673），法国悲剧大师；高乃依（Corneille，1606—1684），法国古典主义悲剧的奠基人；拉辛（Racine，1639—1699），法国诗人、戏剧家。三人并称为法国古典戏剧三杰。

奇、更为敏锐。他们的数量相当巨大，我就随意列举一些吧——保尔·布尔热、皮埃尔·洛蒂、吉普、梅亚克、阿纳托尔·法郎士、朱尔·勒梅特。[1] 我要指出这个强大阵容中的一员，他是我特别喜欢的一位纯正的拉丁人：居伊·德·莫泊桑[2]。私下里说，我推崇这一代人更胜于他们的导师，因为后者已经完全被德国哲学败坏了（举例来说，丹纳[3]就被黑格尔腐化了，黑格尔使他误解了伟大的人物和伟大的时代）。德国势力每到一处，就摧毁一种文化。正是战争拯救了法国精神。司汤达是我生命中最美好的偶然事件之一，因为他身上划时代的一切都是偶然来到我这里的，而不是经由什么人的推荐。司汤达的价值是不可估量的，他具有心理学家的慧眼，能够预见将来并且抢先行动；他对

1 保尔·布尔热（Paul Bourge, 1852—1935），法国小说家和评论家；皮埃尔·洛蒂（Pierre Loti, 1850—1923），原名朱利安·韦奥（Julien Viaud），法国作家；吉普（Gyp, 1850—1932），法国女作家；梅亚克（Meilhac, 1830—1897），法国戏剧家；阿纳托尔·法郎士（Anatole France, 1844—1924），法国作家；朱尔·勒梅特（Jules Lemaitre, 1853—1914），法国小说家。

2 居伊·德·莫泊桑（Guy de Maupassant, 1850—1893），法国著名作家。

3 伊波利特·阿道尔夫·丹纳（Hippolyte Adolphe Taine, 1828—1893），法国评论家与史学家，著有《艺术哲学》等。

事实的把握能力，使人联想到把握最伟大事实的那种艺术（从手就可以认出拿破仑，引申为见微知著的能力）。最后但并非无关紧要的一点是，向普罗斯佩·梅里美[1]致敬！他是一位忠实的无神论者，这在法国是极为罕有且难得一见的典范。或许我还有点儿嫉妒司汤达呢，他从我这里夺走了无神论最美妙的一句俏皮话："上帝唯一可原谅之处，就是他并不存在。"这句话本应该由我来说才对……我自己在别处也提到过——迄今为止，什么是对生命最大的非难？——上帝……

[4]

海因里希·海涅[2]赋予了我抒情诗人的最高概念。我在从古至今的许多王国中游走，想要找到像他那样甜美而激昂的乐章，但一无所获。海涅具有一种神圣的恶意，假如没有这种恶意，我将很难想象完美是什

1　普罗斯佩·梅里美（Prosper Mérimée，1803—1870），法国现实主义作家。
2　海因里希·海涅（Heinrich Heine，1797—1856），德国著名诗人。

么——我评估人和种族的价值，就是看他们在何种程度上认为不可能设想一个一点点萨梯的成分都不含有的上帝。海涅对德语的驾驭是何等纯熟啊！有朝一日人们会说海涅和我是迄今为止存在过的最伟大的德语艺术家，并且我们把德国人在这门语言上所做出的全部努力遥遥地甩在了后面。我必定和拜伦的《曼弗雷德》[1]有着非常深刻的联系：这部著作中所有的黑暗深渊，我都能在自己的灵魂中找到与之相应的部分——我在13岁的时候就已经能读懂这本书了。对于那些在《曼弗雷德》面前还敢提《浮士德》名字的人，我无话可说，只能冷眼一瞥。德国人无法设想任何崇高的东西，舒曼[2]就是一个明证。出于对这个无病呻吟的萨克森人的愤怒，我故意为《曼弗雷德谱》写了一首相反的序曲，汉斯·冯·彪罗[3]声称他之前从未见过

1 《曼弗雷德》（Manfred）是浪漫主义诗人拜伦的一部悲剧诗，主人公曼弗雷德是一个浮士德式的人物。
2 罗伯特·舒曼（Robert Schumann，1810—1856），19世纪德国作曲家、音乐评论家。
3 汉斯·冯·彪罗（Hans von Bülow，1830—1894），19世纪重要德国指挥家、钢琴家和作曲家。

这样的乐谱：这简直是对欧忒耳珀[1]的亵渎。当我向自身内搜索对于莎士比亚的最高评价时，毫无例外地找到这一点：他构想了恺撒这个典型。这样的典型是不能靠猜想的——他要么是这个典型，要么不是。这位伟大的诗人只能从自己的现实性中进行创造，以至于过了一段时间之后他再也受不了自己的作品了……每看一眼我的《查拉图斯特拉如是说》，我就要在房间里来回踱步半个小时，因为无法抑制那种难以忍受的想要号啕大哭的冲动。我不知道还有谁的作品能比莎士比亚的作品更加令人心碎：一个人为了要扮演这样的小丑，需要受多少罪啊！人们理解哈姆雷特吗？让人发狂的不是怀疑，而是确信啊……为了体会这种感受，人们就必须足够深刻，他得是一个深渊、一位哲学家……我们都害怕真理……坦白说，我凭直觉确信培根勋爵就是这种可怕文学的创始人和自虐者：美国那些糊涂虫和傻瓜痛苦地喋喋不休，与我何干呢？

1　欧忒耳珀（Euterpe），希腊神话中司抒情诗的缪斯。

但是想象中最伟大的现实主义的力量，不仅与行动中最伟大的现实主义相一致，与行动中的丑恶行为相一致，而且与犯罪相一致——它实际上以后者为前提……就现实主义者这个词语的最高字义来说，培根是第一位现实主义者，然而我们对他的了解远远不够——关于他所做的一切、他所意愿的一切，以及他在灵魂深处所体验到的一切……让批评家们见鬼去吧！如果我当初给查拉图斯特拉取了另外一个名字——比如理查德·瓦格纳——那么恐怕凭着两千年的睿智也不足以猜出《人性的，太人性的》的作者竟然是查拉图斯特拉的幻影。

[5]

由于我在这里正在谈论生命中的休养问题，因此我觉得有必要向那些曾经对我恢复健康产生过最诚挚和最深远影响的事件，说上几句话聊表谢意。这毫无疑问便是我与理查德·瓦格纳的那段亲密交往。我把与其他人的交往都看得很淡，但我无论如何都不想从我的生命中抹去在特里布森度过的那段时光——那是充满信赖、欢愉的时光，卓越的才华与高雅的情调交相辉映，惊艳了许多深邃的时辰。我不知道对于其他人来说瓦格纳是怎么样的一个人，但我们之间的天空未曾投下一片乌云的阴影。因此，我要再次提到法国——对于瓦格纳的信徒那一伙人，我不打算发表任何异议，他们竟然认为，发现瓦格纳与他们自己相像就是在尊崇瓦格纳。对于这种人，我只能报以轻蔑的一笑。我的天性与德国的一切都格格不入，甚至光是见到一个德国人就会使我的消化受到阻碍，我与瓦格纳的初次相遇是我这辈子第一次感受到畅快的呼吸。我把他作为一个外国人，作为与所有"德意志美德"相反的化身而感受他、敬重他。我们这些呼吸着19世纪50年代的泥淖之气度过童年的人，对于"德国"这个概念必然是个悲观主义者。我们只能成为革命者，我们决不容许有伪善的顽固派高高在上的情况发生。至于这些伪善的顽固派今天摆弄何种颜色，是红袍加身还是穿着轻骑兵的制服，我根本不屑一顾。

好吧！瓦格纳曾经是一位革命者——他摆脱了德国人的掌控……身为一名艺术家，除了巴黎之外，欧洲再也没有瓦格纳的容身之处了。五种敏锐的感官（这正是瓦格纳艺术的前提）、可以察觉出细微层次变化的手指以及心理上的病态——这些都只有在巴黎才能找到。在其他任何地方你都无法感受到这种对于形式问题的热情、这种对于舞台布景严肃认真的态度，这是最典型的巴黎式的严肃认真。没有一个德国人能够理解巴黎艺术家心中所怀揣的宏大野心。德国人是性情温和的，但瓦格纳绝非如此……关于瓦格纳的亲缘归属（见《善恶的彼岸》第 269 条格言）以及他和谁关系最为密切这些主题，我已经说得足够充分了。他属于法国后期浪漫主义流派，是那种高旋于空中、胸怀壮志的艺术家，就像德拉克罗瓦[1]和柏辽兹[2]，他们本质上是病态的、无药可救的，是追求表现的极端狂热

---

1 德拉克罗瓦（Delacroix，1798—1863），法国浪漫派画家，代表作《自由引导人民》。

2 柏辽兹（Berlioz，1803—1869），法国浪漫派作曲家。

分子，是彻头彻尾的技巧名家……究竟谁是瓦格纳第一个真正富有才气的追随者呢？是夏尔·波德莱尔[1]。他最先认识到德拉克罗瓦是个典型的颓废者，整整一代艺术家都能在德拉克罗瓦的身上找到他们自己的影子。或许波德莱尔自己也是其中最后的一员……我无法原谅瓦格纳的一点是什么呢？那就是他屈尊俯就于德国人——他成了德意志帝国主义的拥护者……德国所到之处，文化消亡。

[6]

综合考虑了一切因素之后，我发现如果没有瓦格纳的音乐，我可能根本无法熬过我的青年时代，因为我已注定要归属于德国人的社会。如果一个人想要摆脱难以忍受的压抑状态，他很可能就会选择吸食大麻。而我，则选择了瓦格纳。瓦格纳是针对一切德国因素的抗毒药——他本身也是毒药，这一点我并不

1　夏尔·波德莱尔（Charles Baudelaire，1821—1867），法国抒情诗人，象征主义的创始人。

否认。自从《特里斯坦》被编排成钢琴曲的那一刻起，我就成为瓦格纳的追随者了。我向你致敬，汉斯·冯·彪罗先生！在我看来，瓦格纳早期的作品并不怎么样——它们太过平庸，太"德国气"了……不过，时至今日我仍然在寻找可以与《特里斯坦》相媲美的作品，它要具有和《特里斯坦》一样危险的吸引力，和它一样无限的恐惧和无限的美妙。我在所有艺术形式中寻找，但是徒劳无功。当《特里斯坦》的第一个音符响起来的时候，列奥纳多·达·芬奇所有的奇特之处就都失去了魅力，这无疑是瓦格纳登峰造极之作。继这部作品之后，作为消遣，他又创作了《名歌手》和《指环》两部作品。他变得更加健康——这对于瓦格纳的天性而言是一种退步。我心中对心理学家的那种好奇心是如此强烈，以至于我把生逢其时看作是一种无上的特权；同时觉得让我生活在德国人中间，也是为了使我欣赏这部作品的条件得以充分成熟。对于那些从来没有病到足以适应这种"地狱般的快感"的人来说，世界必定是非常贫乏的；这里应该允许甚至发布命令来使用一种神秘的套话。我想我比任何人都更了解瓦格纳所能创造的惊人的奇迹，那奇异而令人狂喜的五十重世界，除了他没有人能飞到那里去。我至今仍然活着，并且强大到足以把最可疑、最危险的事情转变为对我有益的东西，从而使自己变得更加强大，因此，我把瓦格纳视为生命中最大的恩人。把我们两个人联结在一起的纽带就是：我们都遭受了巨大的痛苦，甚至包括相互的伤害。这远比今天绝大多数人所能承受的多得多，而这将使得我们的名字永远与人们的心灵关联在一起。就像瓦格纳在德国人中间只不过是个误解一样，事实上，我也是如此，并将一直如此。你们尚且需要两百年的心理和艺术训练，我的同胞们！……但是这是无法弥补的。

[7]

我还要向那些非常优秀的读者阐明一点，就是我究竟想从音乐中获取什么。它是某种愉快而深刻的东西，仿佛十月的午后时光。它是某种独具一格、热情洋溢而又温情脉脉的东西，宛若一个卑俗与优雅兼具的娇小而温柔的女子……我绝不会承认德国人能够理解音乐是什么。那些所谓的德国音乐家，尤其是那些非常伟大而负有盛名的，都是外国人，要么是斯拉夫人、克罗地亚人、意大利人、荷兰人，要么是犹太人。另外的情况里，像海因里希·许茨、巴赫和亨德尔[1]这些人，属于种族强大的德国人，但现在已经灭绝了。至于我自己，尚且具有十足的波兰血统。把其他的音乐都拿走吧，只要我还有肖邦就行。出于三个理由，我要把瓦格纳的西格弗里德牧歌（Siegfried Idyll）排除在外，兴许还有李斯特[2]，后者凭借管弦乐的优雅曲调超越了所有音乐家。最后还要提到在阿尔卑斯山另一边成长起来的一切——在这一边，我不可能会错失罗西尼[3]，也不能少了我的南方音乐——威尼

1　海因里希·许茨（Heinrich Schütz，1585—1672），德国作曲家，巴赫之前德国最重要的作曲家之一；巴赫（Bach，1685—1750），德国作曲家，被尊称为西方"现代音乐"之父；亨德尔（Händel，1685—1759），德国作曲家，曾与巴赫齐名。

2　李斯特（Liszt，1811—1886），匈牙利著名钢琴家、作曲家。

3　罗西尼（Rossini，1792—1868），意大利歌剧作曲家。

斯音乐大师彼得·加斯特[1]的音乐。并且当我谈到阿尔卑斯的另一边时，就是特指威尼斯。如果我要用另一个词代指音乐，我能想到的也只有威尼斯。我不知道如何区分泪水与音乐。不因恐惧而战栗，我就不知道要如何思考快乐、思考南方。

> 不久前，在一个黑黝黝的夜里
>
> 我站在桥边。
>
> 从远处传来了歌声：
>
> 金色的水珠涌出
>
> 消失在颤动不已的水面。
>
> 游艇、灯光、音乐
>
> 沉醉地融入暮色中……
>
> 我的灵魂，一曲弦乐，
>
> 被不可见地拨动，
>
> 暗自唱起一首游艇之歌，

---

1 彼得·加斯特（Pietro Gasti，1854—1918），德国作家和作曲家，尼采的学生和朋友，后来帮助尼采出版著作。

因为缤纷的福乐而战栗。

可有人聆听这首歌？……[1]

[8]

在这一切事物——食物、地点、气候和休养方式的选择上，发挥主导作用的是自我保存的本能，这种本能在充当防卫本能时表现得最为清晰。对很多事情不看、不听、不靠近，这是谨慎的第一准则，也是人非偶然而是必然的第一明证。通常，我们把这种防卫本能称为鉴赏力。一个人极为重要的命令，不只是要求在"肯定"已经成为"公正无私"的象征的地方说"不"，而且要求尽可能少地说"不"。人们必须摆脱那些一再迫使我们重复说"不"的事情。这条准则的根本原因就在于，防卫力量的支出（不管现在是多么小）一旦成为常规性和习惯性的，就会产生非常多根本不必要的损耗。我们最大的力量支出都是由频繁而

1　出自《尼采反瓦格纳》（商务印书馆，2011 年版）的"间奏曲"。

少量的支出所组成的。要是认为把事情推远、跟它们保持距离的行动也是对力量的消耗，而且是一种指向纯消极结果的能量消耗，你就不要在这一点上自欺欺人了！只有当一个人持续不断地被迫进行防范时，他才会变得虚弱，以至于最终再也无力保护自己。假如，我走出我的房门，找到的不是幽静高雅的都灵，而是置身于德国的一个地方性的小城镇，那么我会本能地打起精神来，准备抵御一切从这个堕落卑怯的世界向它袭来的东西。或者假设我置身于一座德国的大城市——这邪恶的构造物、这不毛之地，这里的每一样东西，不论是好的还是坏的，都是从外面硬塞进来的。在这样的环境里，难道我不得被迫变成一只刺猬吗？可是长刺就等同于浪费力量，如果人们可以选择不要刺而张开双手的话，这甚至会被视作双倍的奢侈。

另一种形式的谨慎和自我防卫就是要尽可能少地做出反应，使自己远离那些必须要放弃"自由"和"主动权"的环境和情形，以免沦为一个单纯的反应媒介。让我以跟书打交道为例来说明。每天除了把书捧在手里之外什么都不做的学者——一个普通水平的语言学家大概每天可以翻阅两百本书——最终他会完全、彻底地遗忘思考的能力。如果手里没有书，他们就无法思考了。

当他思考时，他对受到的刺激（他所读到的思想）做出反应——最终他所做的一切不过是做出反应而已。学者把他的全部精力都耗费在对已经被思考过的问题进行肯定、否定或者批判上面——他已经没有能力进行思考了……他身上的自卫本能已经衰退了，否则，他就会在那些书面前保卫自己。学者就是颓废者。我曾亲睹一些天赋极高、性格慷慨而精神自由的人在而立之年就"因读书而走向毁灭"，只剩下一堆需要摩擦才能产生火花或者"思想的"火柴。拂晓时分，万物清新，人们朝气蓬勃、精神饱满，在这个时候读书，我称之为恶习！

[9]

说到这里，我已经不能再回避对这个问题的回答了，即一个人怎样成为他自己。在给出这个答案的时候，我将不得不涉及关于自我保存这门艺术的杰作，也就是自私……假如一个人的使命——其使命的规定和命运都远远超越了一般水平的话，那就无法设想有什么是比直接面对他自己的使命更危险的了。一个人成为他自己的前提条件是，他对自己的所是一无所知。按照这个观点，就连生命中的种种失误，诸如暂时的偏差与背离、迟疑和胆怯的时刻、挥霍在与真正使命无关的事情上的严肃认真，也都有其意义与价值。这里面可能表现出伟大的智慧，甚至是最高的智慧：在这些情况下，认识你自己也许是走向毁灭之路，自我遗忘、自我误解、自我轻视、自我狭隘化和自我平庸化，却等同于理性本身。

从道德上来讲，博爱、为他人和他物而活，可能正是维持最强烈自我的保护性方式。在这些例外的情形中，我一反自己的原则与信念，选择了利他本能的一边。因为在这里，利他本能是和促进自私和自律有关的。一定要使意识的整个表面——因为意识就是表面——远离任何一种强大的绝对命令。谨防那些惊人的话语和惊人的姿态。本能过早地"理解它自己"是非常危险的事情。与此同时，那些注定要发挥统治作用的组织化的"观念"，继续往深处生长——它开始发号施令，慢慢地把人从偏差和背离中引导回来，它为个人预备了品质和能力。而这些品质和能力，总有一天会被证明是实现整个使命不可或缺的东西——在还未透露出任何关于"重要的使命""目标""宗旨"和"意义"的消息之前，它就已经一点一点地培育出了所有可用的才能。如此看来，我的一生简直令人称奇。由于重估一切价值的使命，我需要比常人更多的能力，尤其是免除了相互的冲突与可能涉及的毁坏之后的对抗性能力。能力的等级顺序，距离感，分离而不致敌意的艺术，避免混淆事物，使事物协调一致，主宰数量巨大、种类繁多的事物，以及理清混乱的能力——所有这些都是我的本能的先决条件，是我的本能所长期从事的隐秘工作，也是我本能地对艺术的驾驭。我的本能的更为有效的防护表现为非常强烈的力量，以至于我从未意识到有什么东西正在我的体内滋长——直到我所有的能力都一下子成熟了，有一天它们都以最完美的姿态盛放了出来。我不记得我曾经为了什么事情而竭尽全力，在我的生命中也找不到任何一点奋斗的痕迹。我就是英雄天性的对立面。"意愿"什么，"努力"追求什么，心中有什么"目标"或者"渴望"——我从来没有体验过这些感受。即使在此刻，当我展望我的未来——一个极其广阔的未来，也就像是看着一片平静的大海，它的表面不会因为任何渴望而泛起一丝涟漪。我丝毫不想改变事物的现状；我本人也不想变成另外的样子。在这个问题上，我一向如此。我从未有过任何渴望。作为一个年过44岁的男人，我从来没有为名誉、女人和金钱操过心！并不是说，这些东西不会为我所有。就这样，有一天我忽然成为一名大学教授，我从未设想过这样的事情，因为我当时只有24岁。同样，两年以前我成为了一名语言学家，这指的是我第一篇语言学论文（在何种意义上，它都是我的开端），应我的导师李奇尔[1]之邀，发表在了他主办的《莱茵博物馆》杂志上。（李奇尔——我怀着敬意提到这个名字——他是我所见过的唯一的天才学者。他身上那种令人愉快的迂腐气是我们图林根人所特有的，甚至德国人也会表示赞同的。即使在对于真理的追求上，我们也更倾向于一种拐弯抹角的方式。在说这些话的时候，我无意于轻视我那位聪明的图林根同乡利奥波德·冯·兰克[2]……）

[10]

你们也许会感到疑惑，我为什么要向你们讲述这些平凡琐碎，甚至在传统观点看来毫不重要的细节呢？毕竟假如我注定要担当伟大的使命，这样做只会对我更加不利。对此，我的回答是，这些琐碎的事情——饮食、地点、气候、一个人的休养方式、自私

1　李奇尔（Ritschl, 1806—1876），德国古典语言学家，尼采在莱比锡大学的导师。

2　利奥波德·冯·兰克（Leopold von Ranke, 1795—1865），德国历史学家、普鲁士皇家史官以及史料批判学的创始人。主要著述有《拉丁和条顿民族史》《英国史》《法国史》《教皇史》和《世界史》等。

自利的诡辩——要远远比迄今为止人们所重视的一切更加重要。正是在这个问题上，我们必须重新开始学习。在此之前人类怀着巨大的诚意来珍视的那些东西都是不真实的，它们只是幻想的产物，或者，更严肃地说，是病态和有害（最深刻意义上的）的天性的邪恶本能所生出的谎言——所有概念，如"上帝""灵魂""美德""罪恶""超越""真理"和"永生"，都是如此。然而，人们却在这些概念中寻求人类天性的伟大之处，寻求它的"神圣性"……由于人们把最有危害性的人当作伟大的人物来敬仰，并且被教导去轻视生命中微小的，或者更确切地说，基础的东西，因此所有的政治问题、社会制度问题以及教育问题都被彻底歪曲了。现在如果拿我自己和那些向来被誉为一流人物的人来做一个比较，那么差异是显而易见的。我甚至不把那些所谓的"一流"人物当作人来看——在我看来，他们就是人类的渣滓，是疾病和报复本能的产物；他们是一群充满了腐烂气息的怪物，仇视生命以致糟糕透顶、无可救药。我要成为这种人的对立面：我的优势在于我对健康本能的每一个迹象具有最敏锐的洞察力。我身上没有任何病态的特征。即使在身患重病期间，我也没有变得病态。你要是想在我的天性中找到任何一点狂热的成分，只怕是白费力气。没有人可以指出我生命中的哪一个时刻曾经表现出狂妄或者悲怆的态度。慷慨悲壮的姿态与伟大不一致，故作姿态的人是虚伪的，要警惕那些惺惺作态的人！当生命要求我担负起最沉重的责任时，它对于我来说，反而是轻松的，事实上，是再轻松不过了。谁要是在今年秋天的七十天里，见到过我怀着对于后世之人的高度责任感，连续不断地做出的许多第一等大事（现在没有人能够做到的事情），他就会知道在我的状态里没有任何紧张的迹象，他会发现我精力充沛、满心欢愉。我从来没有吃得这么高兴过，也从来没有睡得这么香甜过。我不知道除了游戏以外，还有什么其他的方式可以用来应对伟大的使命：游戏作为伟大的象征，是其必要的前提条件。即使是最轻微的局促，一闪而过的沮丧神情，声音中任何加重的部分——所有这些都是对一个人的抗议，更多的是对他的作品的抗议……不要变得神经质……甚至连承受孤独也是一种抗议——我唯一承受的东西就是"繁多"。在一个不可思议的稚嫩年纪，事实上，是当我7岁的时候，我就已经发现自己听不进人类的任何话语了：有人曾看到我为此而感到忧伤吗？直到今天，我依然对每个人都同样地平易近人，即使是底层的人，我也非常为他们着想：这里面没有任何一点盛气凌人或者隐秘的轻蔑。我所鄙视的人很快就能知道他被我鄙视了：仅仅是我存在这个事实，就足以激怒那些体内流淌着卑污血液的人。人类的伟大之处便在于热爱命运：人们不希望任何事物有所变更，无论是在他之前还是在他之后，抑或是在漫无止境的时间里。必然之物不仅要被产生出来，而且绝不能被隐藏——在必然性面前，所有的"唯心主义"都是谬误——但它同样也值得热爱……

我为何能写出如此好的书

[1]

我自己是一方面，我的作品是另一方面。在这里，在谈到我的那些书之前，我要首先触及关于它们可能遇到的理解和误解的问题。我只是应场合之需而随便地谈一谈，因为谈论这个问题的时机还远远没有到来。我自己的时机也尚未到来，有些人死后才得以诞生。

有朝一日人们会需要一些机构，用来在里面生活、受教育，就像我所理解的那样生活和受教育。或许，到了那个时候，人们还会专门设立大学教授的职位并且广受捐赠，以便讲解我的《查拉图斯特拉如是说》。但如果我现在就期望有人能够听取并且接受我的真理，就与我的本性相违背了：现在没有人听我说话，没有人知道如何从我这里获取东西，这对我来说，不仅是可以理解的，而且是理所当然的事情。我不希望被误认为其他人，为此，我不能误解我自己。再重复一遍我之前说过的话，我的生活中没有任何恶的意志，就连文字上的恶意，我也几乎举不出一个例子。另一方面，我却遇到过太多纯粹的愚蠢行为！……拿起一本我的书来阅读，大概是一个人所能给予他自己的最稀罕的奖赏之一——我甚至认为他会预先脱掉自己的鞋子，更不用说靴子了……有一次，海因里希·冯·施泰因博士曾真诚地向我抱怨说他完全无法理解我的《查拉图斯特拉如是说》，我告诉他本来就应该是这种情况：谁要是理解了这本书中的六句话——指的是对它们有了非常深切的体会——他就上升到了一个比"现代人"所能达到的更高的境界了。一想到这种距离感，我还怎么能奢求我所认识的任何一个"现代人"能够读懂我的书呢？

　　我的成功正好与叔本华的成功相反——我要说"我现在没有被阅读，将来也不会被阅读"。人们频繁地否定我的著作时，总是一脸天真无辜的样子，我得承认我从这种天真无辜中体验到了不少快乐。去年夏天，当我试图以我的重量级，或许太过重量级的文学来使其余的全部文学失去平衡的时候，柏林大学的一位教授善意地提醒我应该换一种形式：我写的这种东西没人能看懂。最终，不是德国而是瑞士出现了两个极端的事例：魏德曼[1]教授就《善恶的彼岸》写了一篇题为"尼采的危险的书"的文章，发表在《联邦报》上；另一篇出自卡尔·施皮特勒[2]之手的关于我全部著作的综合评论，也发表在《联邦报》上。这两件事共同组成了抨击我的高潮——对此，我要提防着别说出什么过激的话来……后者把我的《查拉图斯特拉如是说》当作是"对更高风格的尝试"，并且希望我以后在内容方面多加注意。魏德曼教授对我在废除正派情感方面所表现出来的勇气表示敬重。由于他巧妙地施展了一些命运的小诡计，这些每一个批判的句子都具有极高的连贯性，不得不让我感到敬佩，然

1　魏德曼（V. Widmann, 1842—1911），瑞士作家，曾在《联邦报》任职。
2　卡尔·施皮特勒（Karl Spitteler, 1845—1924），瑞士诗人和小说家，1919 年诺贝尔文学奖得主。

而，它们不过是颠倒是非罢了。事实上，为了击中我的要害，最引人注目的方式莫过于"重估一切价值"，大可不必真得把钉子钉进我的脑袋里……因此，我更加急切地想要发现一种解释。可是，没有人可以从包括书本在内的事物中获得比他已经知道的更多的东西。凡是他的体验无法使他通达的东西，他就听不到。举一个极端的例子：设想一本书所涉及的纯粹事件远远超出了常见经验甚至罕见经验的范围——这本书就会成为表达这一系列全新体验的第一语言。这种情况下，这本书中的任何东西都不会被真正听到，而且，由于听觉上的错觉，人们会认为什么都听不到的地方也就没什么可听的……这就是我通常的经验。如果你愿意的话，也可以把它叫作我经验的独创性。那些自认为已经对我的作品有所理解的人，只是按照他们自己的想象编造了一些东西出来，他们理解的往往正是我的反面，比如，认为我是一个"唯心主义者"。至于那些完全不了解我的作品的人，则认为我根本不值得列入考虑范围。"超人"这个词，指的是天资最为罕有、好运最为丰厚的那类人，他们对立于"现代"人，对立于"善良"人，对立于基督徒和其他的虚无主义者。"超人"这个词出自道德破坏者查拉图斯特拉之口，从而获得了一种格外深邃的意义——它几乎处处都被无辜地理解为与查拉图斯特拉的形象明显对立的那种价值——也就是被理解成"唯心主义"的人，一个更高等级的人，半是"圣人"，半是"天才"……因为这个词，另外一些博学的畜生竟然怀疑我是达尔文主义者；更过分的是，有人指出我的学说流露出了对卡莱尔[1]的"英雄崇拜"，他是一个毫无意识与意志的大骗子，这种"英雄崇拜"正是我深恶痛绝的东西。有一回，我悄悄对一个人耳语说，与其在帕西法尔[2]这样的人身上寻找超人，还不如到切萨雷·波吉亚[3]那样的人身上去寻找，他简直都不敢相

1　卡莱尔（Carlyle，1795—1881），英国作家、历史学家，著有《法国革命》《论英雄和英雄崇拜》等。

2　帕西法尔（Parsifal），德国作曲家瓦格纳歌剧中男主人公的名字，也是歌剧名。

3　切萨雷·波吉亚（Cesare Borgia，1474—1507），意大利文艺复兴时期的贵族，教皇亚历山大六世之子，历史上臭名昭著的人物。

信自己的耳朵了。请大家原谅，我一点也不好奇那些针对我的书的批评意见，尤其是出现在报纸上的。我的朋友们和我的出版商们都很清楚这一点，他们也从来不和我谈论这些事情。在一个特殊的场合，我曾看到针对我的《善恶的彼岸》所罗列出的种种罪过，写得真是精彩啊。《民族报》——普鲁士的一家报纸（这仅仅是为我的外国读者所做的注解，而我自己只读《辩论报》）——非常严肃认真地把这本书看作是"时代的标志"，或是真正典型的保守哲学的范例，而《十字报》是没有说这种话的胆量的。

[2]

这是为了德国人而说的：别的地方到处都有我的读者——毫无例外都是聪颖超群的人，是那些已经功成名就的人，他们身居高位，肩负着重要使命。我的读者中有真正的天才人物。在维也纳，在圣彼得堡，在斯德哥尔摩，在哥本哈根，在巴黎，在纽约——到处都有我的影踪；然而，在欧洲的平原地区——德国，我还没有被阅读……我得承认，那些不读我的书的人、那些既不曾听过我的名字也没有听过哲学这个名词的人，更令我感到由衷的喜悦。但是，无论我走到哪里，就比如说这里——都灵，人们一看见我就会觉得轻松明快。迄今为止最令我高兴的一件事情就是，市场上的老太太们在没为我挑选出最甜美的葡萄之前是不会停手的。要想达到这种程度，必须得是哲学家才行啊……在一群斯拉夫人中间，波兰人被认作是法国人，这不是没有道理的。一位迷人的俄罗斯女士一刻也不会弄错我的归属。我并不擅长摆出自命不凡的样子，我很有可能显得特别尴尬……我可以用德国的方式思考，可以用德国的方式感知，可以用德国的方式做很多很多事情，但这件事我实在是做不到……我从前的导师李奇尔，早就断言我是按照巴黎小说家的方式来构思我的语言学论文的——我使得他们所有人心潮澎湃，甚至在巴黎当地，人们也因为我"大胆的风格和精妙的设计"而大吃一惊——这些话是丹纳先生告诉我的——恐怕就算是达到了酒神赞歌的最高形式，人们也会发现渗透于我的作品中的风趣永远不会变成无趣，永远不会变成"德国式的"东西——这就是机智……我别无他法。上帝帮帮我吧！阿门。我们都知道长着长耳朵的是什么东西，有些人甚至是从经验中得知的。那好吧，我敢说我的耳朵是人们所见过的最小的。女人们似乎对此很感兴趣——这会让她们觉得我更好地理解了她们！……我本质上就是反驴（傻瓜、笨蛋），因此才会成为世界历史中唯一的怪物——用希腊语来讲，而且不仅仅是用希腊语来讲，我就是一个反基督者。

[3]

我在很大程度上意识到了自己作为一名作家的优越性：在某些情况下，我也深切地感受到，习惯性地阅读我的作品，会对一个人的鉴赏能力造成多么巨大的"损害"。

读过我的书之后，人们就再也无法忍受其他的书了，至少是其他哲学类的书。跨进这样一个高尚而精妙世界的门槛是无与伦比的荣耀，简而言之，也是人们应得的荣耀。能够做到这一点的，绝不可能是德国人。谁要是通过高尚的意志而与我产生了关联，他就能够因为领会了我的书而体验到纯粹的狂喜：因为我是从鸟儿们飞不到的高峰猝然俯冲下来的，我知道尚且无人涉足的深渊。有人曾告诉我，他对我的书爱不释手——我甚至搅扰了人们夜间的安眠……再也没有比这更加值得夸耀同时也更精妙深奥的书了：它们有些时候达到了尘世人力的极点，也达到了愤世嫉俗的巅峰。为了捕捉其中的思想，人们必须同时具有最温柔的手指和最勇猛的拳头。精神上存在任何衰朽的人都会被它们拒绝入内，甚至连消化不良也不行：人们不应该情绪紧张，但要有一个旺盛的食欲。不仅灵魂上的贫乏和沉闷会使人们无法接近我的书，而且怯懦、不洁以及肠道内隐秘的报复欲会在更大程度上阻碍他们。我随便说一句什么话，就足以使人们的劣根性显露无遗。我选了几个熟人做了一些实验，他们读完我的作品之后反应各不相同，这种不同极富教益。那些没办法理解我书中内容的人，比如我所谓的朋友们，就会对我的作品采取一种很"冷淡的"语调：他们祝愿我好运，并且祝贺我又完成了另一本书的创作。他们会因为我的作品散发出了更欢快的精神而宣称它们有所进步……这些彻底不怀好意的人，这些"美好的灵魂"，这些从头到脚都很虚伪的人，根本不知道应该怎样来阅读我的书——结果就是，这些"美好的灵魂"完美地达成了一致，他们轻视我的书。我熟人当中的那些畜生，恕我直言，单纯指的是德国人，让我明白了一个道理，就是他们虽然在很多地方同意我，但并不是永远赞同我……关于《查拉图斯特拉如是说》，我也曾听到过这样的一些说法。人类身上的"女权主义"，甚至是男人身上的"女权主义"，同样会阻碍他们进入我的作品。怀有"女权主义"，人们就无法进入这座充满了大胆知识的迷宫。为了能够在许许多多冷酷无情的真理面前保持心情愉快，人们应该不遗余力，应该养成坚忍不拔的习惯。当我尝试着去设想一位完美读者的形象时，脑海中就总是浮现出一个勇敢而好奇的怪物，它兼具顺从和狡诈，但性格又非常谨慎，简直就是天生的冒险家和探索家。我终究没办法叙述得比查拉图斯特拉更好，我已经真正地向他讲述了我自己：那么他又会向哪一个人揭开自己的谜底呢？

你们这些大胆的探求者、尝试者，巧妙地扬帆而在可怕的大海上驾船的人，——

你们这些陶醉于哑谜的人，爱好朦胧之光的人，听到笛声就让你们的灵魂被勾引到任何魔法深渊的人：

因为你们不想用胆怯的手顺着一根线摸索前进，你们能猜得出的，你们就讨厌去推断。[1]

[4]

我现在要简单谈论一下我的艺术风格。通过一些符号以及这些符号的韵律来表达一种状态，一种富有

_____

1 出自《查拉图斯特拉如是说》(生活·读书·新知三联书店，2007年版) 第三部，"幻影和谜"。

感染力的内在紧张情绪——这就是风格的全部含义。由于我的内心状态极为繁复多样，因此我能够驾驭许多种类的风格——简而言之，任何一个人所能自由运用的五花八门的艺术形式我都手到擒来。任何一种风格，只要真正表达出了人们内心的状态，只要不在符号、符号的韵律以及情绪上出现差错，就是好的风格——所有遣词用字的规则都是以艺术的方式表达情绪的结果。好的风格，就它本身来说，就是一个纯粹的愚蠢举动，十足的"唯心主义"，就如同"自在之美""自在之善"和"自在之物"一样。所有这些都是有条件的，就是要存在能够倾听我们的人，他们能够产生同样的激情并且与之相称，就是要存在我们可以对其表露心声的人。比如说，我的查拉图斯特拉就始终在寻求这样的人啊！他还要寻找很久很久！一个有资格倾听他的人……而在那之前，都不会有人能够理解我在这本书中所运用的艺术。没有人曾运用过比这更新奇、更杰出，并且专门为此而创造出来的、可以直击长风的艺术形式。这样的事情在德语中是否有可能发生还有待证实，我自己从前曾严厉否决这种可能性。在我之前，人们不知道德语能用来做些什么，或者说不知道一般意义上的语言能用来做些什么；是我首先发明了宏大韵律的艺术、周期性伟大风格的艺术，并且用它们来表达高尚情感的跌宕起伏以及超人式的澎湃激情：通过题为"七个印记"的酒神赞歌，也就是《查拉图斯特拉如是说》第三部分的最后一节，我早已飞跃到向来被称作诗歌那东西的千里之上了。

[5]

一位优秀的读者可能最先得到这样一个结论：我作品中讲话的那个声音来自一个没有同伴的心理学家——这样的读者正是值得我拥有的，他像一位优秀的老语言学家读贺拉斯[1]那样来阅读我的作品。全世界（更不用说那些时髦的哲学家、道德家和其他笨蛋蠢货了）都基本上会表示赞同的那些见解，对我来说

1　贺拉斯（Horace，公元前65—公元前8），罗马诗人，著有《诗艺》等。

只不过是单纯的错误而已。比如，认为"利他主义的"和"利己主义的"是对立的这个观点，可是长久以来"自我"这个概念本身也仅仅是一个"最高级的欺骗"，一个"理想"……并不存在利己主义或者利他主义这样的行为，在心理学上这两个概念都没有意义，或者是"人人都追求幸福"，或者是"幸福是德性的报答"，再或者"快乐与痛苦是互相对立的"这个观点……道德，这个人类的喀耳刻[1]，彻底地篡改了一切心理的东西——它把一切东西都道德化了，甚至发展到十分荒唐的地步，就连爱情也得是"无私的"。一个人首先必须具有沉稳的姿态，他必须靠自己的双腿牢牢地站立着，否则他根本没办法爱别人。女孩子们是很清楚这一点的：她们压根儿不会理睬那些无私而客观的男人……顺便，容我冒昧地问一句，我是足够了解女人的吧？这是我从狄奥尼索斯那里承袭下来的一部分知识。

1　喀耳刻（Circe），希腊神话中住在艾尤岛上的女巫。

谁知道呢？或许我就是永恒女性的第一位心理学家。女人们都很喜欢我……这已经不是什么新鲜事了：除了那些堕胎的，获得了自身解放的，不再具备生育能力的女人之外。谢天谢地，我可不想让我自己被撕成碎片！当完美的女人爱你的时候，她就会把你撕碎；我了解这些看似友善的狂野女人……噢！她是一个多么危险、潜行而隐秘的小小肉食动物啊！可同时又多么令人愉快啊……一个执着于报复的小女人，甚至能够撞开命运那扇厚重的铁门。女人远比男人邪恶，也远比男人聪明。善良的品性对女人而言是一种退化。女人中那些"美好的灵魂"，追根溯源的话就是生理上出了毛病——但我无意进展得更远，不然就是在嘲弄医学了。追求平等权利的斗争甚至就是这种疾病的一种症候，医生们都很清楚这一点。一个女人的女人味儿越浓，她就越猛烈地反对一切一般意义上的正当状态：事物的自然秩序，两性之间永恒的斗争，赋予了女人绝对的最高地位。你们听过我给爱情下的定义吗？这是唯一值得哲学家来下的定义。爱情，它的手段是战争，它的基础是两性之间的殊死仇恨。一个女人怎样才能被治愈，更确切地说，被"拯救"呢？你们听过我对这个问题的回答吗？——让她生一个孩子。女人离不开孩子，而男人只不过是工具，查拉图斯特拉这样说道。"女性的解放"——这是生理上存在缺陷（即不孕）的女人对那些健全女人的本能仇恨：反对"男人"的斗争只不过是一种手段、一个借口、一种策略。为了把自己抬高到"真正的女人""更高级的女人"和"理想的女人"的地位上去，她们就要降低女人的整体层级：为了做到这一点，再也没有比大学教育、裤子和给畜生投票的权利更有效的手段了。老实说，那些获得了解放的都是"永恒女性"世界里的无政府主义者，是生理上有缺陷的人，她们最根深蒂固的本能就是复仇。顺便提一下，那种最为恶毒的"唯心主义"也表现在男人身上，比如亨里克·易卜生[1]这个典型的"老处女"，他

---

[1] 亨里克·易卜生（Henrik Ibsen，1828—1906），挪威作家，现实主义戏剧的创始人和代表人物。

的目的就是要毒害性爱的纯洁意识和自然精神……为了使你们毫不怀疑我在这个问题上正直且严肃的见解，我将再向你们说明一条我用以反对"恶行"的道德准则——当我使用"恶行"这个词的时候，我所反对的是一切和人的自然本性相对立的东西，你们要是喜欢更为文雅的字眼的话，也可以把它们叫作"唯心主义"。这条准则就是："鼓吹禁欲就是公然煽动违反自然的行为。所有以'不洁'这个概念为名义而轻视、贬损性生活的做法，都是对生命犯下的严重罪行，是违背生命神圣精神的真正罪过。"

为了让大家对作为一名心理学家的我有所了解，我在此列举出《善恶的彼岸》中出现过的一段奇特的心理分析。此外，我不允许你们对我在此处描写的人物进行任何猜测。"心灵的天才，正如那个伟大的隐藏者所具有的，那个蛊惑之神和天生的良心捕鼠人，他的声音知道怎么钻入灵魂的下界，他说出的每一句话语、望来的每一次目光，无不包含诱引的顾盼和曲衷。他的高明在于他懂得装，——不是他本身所是，而是对于他的跟随者而言更多是一种强制，强迫那些跟随者越来越接近他，越来越内在和彻底地跟随他……心灵的天才，他使一切叫嚷者和自喜者默然倾听，他整饬粗粝的灵魂，给他们品尝一种新的期望，——把他们如一面镜子放平，上面映照出深沉的天空……心灵的天才他教会笨拙和急躁的手踌躇而温柔地抓握；他从晦暗厚重的冰层下猜测出被隐藏和被遗忘的宝物，猜测出点滴的善意和甜美的精神状态，他是探叉，可以探出长年湮没禁锢在泥沙中的每一粒金晶；心灵的天才，经他触碰之后，每个人在继续上路时都会更加富有，而且不是受了恩赐或者震撼，不是像为了意外之财而庆幸或者紧张，而是自己自在地富有了，自己比之前更新鲜了，被打开了，在解冻的风中荡漾，也许更不安稳了，更加轻柔、更加脆弱和零碎，但满是希望，那些尚且莫名的希望，满是新的意志和奔流，新的意志和回流……"[1]

---

[1]　引号部分出自《善恶的彼岸》（商务印书馆，2015 年版）。

悲剧的诞生

　　为了公正地对待《悲剧的诞生》（1872年），我
们应该忘掉一些东西。它之所以产生了巨大的轰动并
且深深地令人着迷，就是由于其中的错误——它错误
地运用了瓦格纳主义，仿佛后者是一种上升的征兆。
因此，这部著作是瓦格纳一生当中的大事件，从那以后
瓦格纳便声名大噪。直到今天，有时候像帕西法尔这样
的人还会提醒我，这一运动对于文化有重大价值的观
点之所以盛行起来，其中是有我的责任的。我经常看
到这本书被描述成"源自音乐精神的悲剧的再生"：
人们只关注瓦格纳艺术的新公式，关注他的目标和使
命——这样它真正深层的价值就被忽视了。考虑到这
本书的第一要务就是表明希腊人如何成功地处理了悲
观主义，他们用什么方式克服了悲观主义，"希腊精

神和悲观主义"——这也许是个更确切的名称……

正是悲剧本身证明了希腊人不是悲观主义者：在这里，就如同在其他问题上那样，叔本华又弄错了。——不偏不倚地说，《悲剧的诞生》是一本非常不合时宜的书：人们做梦也想不到，这本书的创作竟然是在沃尔特[1]战役轰隆的枪炮声中开始的。九月一个寒冷的夜晚，我在梅斯[2]围墙下担任照顾伤员的护理工作，就是在那时我深入地思考了这些问题。人们往往更容易把它看作是五十年前的作品。它对于政治问题漠不关心，用今天的话来讲，就是"非德国式的"——全书散发着令人不快的黑格尔的气息，偶尔几处还沾染了叔本华所特有的那种死气沉沉的味道。狄奥尼索斯和阿波罗[3]相对立的这个"理念"，被延引至形而上学的领域。历史本身就是按照这个观念的发展过程而被描绘出来的，在悲剧中这种对立演变为统一。依据

1　沃尔特（Wörth），德国西南部小城，临近德法边境，普法战争的战场之一。

2　梅斯（Metz），法国西北边境小城，普法战争的战场之一。

3　阿波罗（Apollonian），希腊神话中的太阳神。

这个观点，迄今为止从未打过照面的那些事物一下子变得面对面了，它们开始相互理解、相互启迪……比如歌剧和革命……这本书有两处决定性的创新：其一是对希腊人中狄奥尼索斯现象的理解，它首次提供了关于这一现象的心理学分析，并且在这一现象中找到了希腊艺术的唯一根源；其二是对苏格拉底主义的理解——苏格拉底首次被看作一个典型的颓废者，看作是希腊解体的工具。

"理性"与本能相对立。无论如何，应该把"理性"看作是极其危险的、摧毁生命的暴力。全书对基督教精神保持一种深沉而不失恭敬的沉默：基督教既不是阿波罗的，也不是狄奥尼索斯的，它否定一切审美的价值，而这些正是《悲剧的诞生》所肯定的唯一价值。从最深刻的意义上来说，基督教是一种虚无主义，然而，在狄奥尼索斯的象征中对于生命的肯定态度几乎达到了极限。书中有一部分提到了基督教教士，并且把他们称作"背信弃义的侏儒"和"生活在地下的阴险家伙"。

[2]

我的这个开端意义是非同寻常的。我内心最深处的体验证实，我已经发现了历史所具有的关于这一事实的唯一范例，并且因此成为第一个领会到狄奥尼索斯现象美妙之处的人。与此同时，通过把苏格拉底[1]认定为颓废者，我已经毫无疑问地证实了自己对一切事物的心理学把握是很可靠的，它不会被任何种类的道德特质所撼动：把道德本身看作是堕落的象征，这就是一种创新，是知识的历史上第一等奇特的事件。我的两种学说不知道要比那些喋喋不休谈论乐观主义和悲观主义的愚蠢至极的傻瓜高明多少倍！我首先注意到了这个真正的对立：以一种阴险的报复欲（基督教教义、叔本华哲学甚至是柏拉图[2]哲学的某些方面——总之，就是所有典型形式的"唯心主义"）指向生命的那种堕落的本能，与之相对立的是那种对于

---

1 苏格拉底（Socrates，公元前469—公元前399），古希腊哲学家，柏拉图的老师，擅长论辩，述而不作。

2 柏拉图（Plato，公元前427—公元前348），古希腊哲学家，代表作《理想国》。

生命的最大限度的认可，它产生于生命的丰富性和巨大的充盈性之中，这种认可毫无保留，它甚至肯定痛苦、罪责以及我们的存在当中所有成问题的、怪异的东西……这种排在最前面的对于生命最欣喜若狂、最热情洋溢、最兴高采烈的肯定，不仅是最高的认识，而且也是最深刻的认识，它已经获得了真理和科学的严格证实与有力支撑。既已存在的事物没有什么是要被压制的，也没有什么是要被摒弃的。在价值等级序列中，那些为基督徒和其他虚无主义者所拒斥的生存方面，其序位要远远优先于堕落本能所赞许或者可能赞许的东西。为了理解这一点，需要一定的勇气，而勇气的先决条件是充沛的力量：因为一个人有多少前进的勇气，他就能靠真理多近——也就是说，一切都严格取决于他力量的强度。知识，肯定现实，对于强者来说是必要的，正如怯懦和逃避现实——事实上就是"唯心主义"——对于那些被虚弱感驱使的弱者来说是必要的一样……弱者不能自由地去"认识"——堕落者需要谎言，这是他们自我保护的手段之一。谁

94

要是不仅理解了"狄奥尼索斯的"这个词,而且也在这个词中理解了自己,那他就用不着再去反驳柏拉图、基督教义或者叔本华了——因为他的鼻子嗅得出那腐烂的气息。

[3]

至于我是怎样通过这些学说发现了"悲剧"这个概念,以及怎样形成悲剧心理的最终解释的,在《偶像的黄昏》(第五章,第十部分)中我谈到了这一点……"甚至在其最陌生、最艰难的问题上也肯定生命,生命意志在其最高类型的牺牲中感受到自己生生不息的乐趣——我把这叫作狄奥尼索斯式的,我猜想这才是通往悲剧诗人心理学的桥梁。不是为了摆脱恐惧和怜悯,不是为了通过激烈的爆发从一种危险的激动情绪中净化自己(亚里士多德[1] 就是这样理解的):而是为了超越恐惧和怜悯,成为永恒的生成乐

1　亚里士多德(Aristotle,公元前 384—公元前 322),古希腊哲学家,柏拉图的学生,著有《工具论》《形而上学》等。

趣本身——那种也把毁灭的乐趣包含于自身之中的乐趣……"[1]……在此意义上，我有理由把自己视为第一位悲剧哲学家——也就是与悲观主义哲学家完全对立的、相反的哲学家。在我之前，没有人把狄奥尼索斯现象转化成为哲学情感：哲学中缺乏悲剧的智慧，我曾在比苏格拉底早两个世纪的伟大希腊哲学家中寻找这样的迹象，但是一无所获。只有在赫拉克利特[2]那里，我才稍微感觉到一些别处所没有的温暖和舒适，但我对他也仍存有些许怀疑。肯定那些非永恒和有生灭的事物，这是狄奥尼索斯哲学的决定性特征。肯定对立和斗争，肯定生成的先决条件，甚至激烈地拒斥存在这一概念——无论如何我得承认，在这些方面，他是迄今为止和我最相近的人。"永恒轮回"学说，即万事万物周期性的绝对而永恒的重复——查拉图斯特拉的这一学说事实上早已经被传授过了。起码斯多葛学派显露了这方面的迹象，他

---

1 引号部分出自《偶像的黄昏》（商务印书馆，2009 年版）。
2 赫拉克利特（Heraclitus，公元前 540—公元前 480），古希腊哲学家。

们几乎所有的基本观念都是从赫拉克利特那里继承而来的。

这部著作表达了一个巨大的希望。毕竟，我是绝对找不到任何理由来放弃狄奥尼索斯式的音乐之未来的。让我们放眼未来一百年，并且假定我对两千年来违反自然和败坏人类之事物的攻击已经取得了成功。那个由生命拥护者所组成的全新党派，将会承担起最伟大的使命，就是提升和完善人类，以及毫不留情地消灭所有的堕落者和寄生虫，这将使得地球上的生命重新焕发出无限生机，狄奥尼索斯状态也必定从中再度成长起来。我预言一个悲剧的时代将会到来：当人类已经了解了最艰难也是最必要的斗争，而又不因此经受痛苦的时候，生命的最高肯定形式——"悲剧"将会再度诞生……一位心理学家可能还会补充说我青年时期在瓦格纳音乐作品中听到的东西，与瓦格纳毫无关系；当我描述狄奥尼索斯式的音乐时，我描述的也仅仅是我个人所听到的东西——

我只是凭直觉强行对一切东西进行转化、变形，从而使它们成为那种填满我内心的崭新精神。你们能够拿出的最有力的证据应该就是我写的《瓦格纳在拜罗伊特》这篇文章了：其中涉及关键性心理问题的段落，都是在说我自己——文本中凡是出现瓦格纳名字的地方，你都可以毫不犹豫地念成我的名字或者念成"查拉图斯特拉"。书中对热情洋溢的艺术家的全部描述就是查拉图斯特拉现在作者的形象，描述触及到了很深的程度，可是却与真正的瓦格纳没有半点关系。瓦格纳本人是知道这一点的，他在这篇文章里认不出自己了——这样，"拜罗伊特思想"就被转变成某种对于熟悉查拉图斯特拉的人来说不难理解的东西——也就是说转变成最优秀之人为最崇高的使命献身时的伟大正午——谁知道呢？这又是另一个我将要体验的节日幻象……开篇几段的悲怆是世界历史性的，在第105页[1]谈到的目光就是查拉图斯特拉真正的目光；瓦格纳、拜罗伊特，以及渺小卑劣的德意志的全部不幸

1　指《瓦格纳在拜罗伊特》1876 年第一版的页码，下同。

之处，就如同一朵云一样，其上映射出未来无穷无尽的海市蜃楼（Fata Morgana）。从心理学的角度来看，我性格中所有关键的特点都被引入到瓦格纳的天性之中去了——最光辉的和最具毁灭性的力量并存，从未有人拥有过的权力意志——无可阻挡的勇敢精神，不受抑制的行动力所伴随的无止境的学习能力。这篇文章中的一切都是在预示未来：希腊精神复兴的临近，亚历山大反对者出现的必然性，在希腊文化的戈尔迪之结[1]被斩断之后，他们会把它重新联结起来。聆听这世界历史上的强音吧，正是它引出了第180页的"悲剧意识"：这篇文章里除了世界历史的强音之外，别无他物。这可能是世界上最为奇特的"客观性"：对于我是什么的绝对确信投射到偶然的现实性上，关于我自己的真理是从骇人的深处发出的。在第174—175页我以精准的确定性描述并且预言了查拉图斯特

---

1 戈尔迪之结（Gordian knot），戈尔迪曾打下难解的结，预言能解开这个结的人会成为亚细亚之王，后来马其顿国王亚历山大大帝挥剑斩断了它。后世常以"戈尔迪之结"形容复杂难解的历史难题。斩断戈尔迪之结，形容用出乎意料的方式迅速解决难题。

拉的风格，而对于查拉图斯特拉所代表的那些事件，那些对人类进行奉献和净化的惊人之举，再也没有比我在第144—147页所做出的更精彩的表达了。

不合时宜的考察

[1]

构成《不合时宜的考察》的四篇文章是彻底富有战斗气息的。它们证明了我不只是一个空想家，我也是很乐意拔剑出鞘的——这或许还能够证明我的手腕足够灵活。第一篇（1873年）攻击的对象直指德国文化，那时候我就已经非常鄙视它了。因为它完全没有任何的意义、实质或者目标，只不过是一堆"公众意见"的堆砌。如果认为德国在军事方面的成功证明了这种文化尚有一些优越性，或者认为德国文化已经战胜了法国文化，那就没有比这更可怕的误解了。第二篇文章（1874年）揭示了我们科学研究方式中那些危险的、侵蚀和毒害生命的东西：生命患了病，病于这种非人化的发条齿轮装置和机械系统，病于工人的"无人格性"，病于"劳动分工"的伪经济学。目标，也就是文化，已经被忽视掉了：现代科学活动已经成为生产野蛮行径的工具。这篇文章第一次把本世纪引以为傲的"历史意义"视作病态，视作衰败的典型标志。第三篇文章和第四篇文章竖起了指向更高级文化概念与重建文化概念的路标，刻画了两类极度自爱和自律的形象。这两种人完全不合时宜，他们对周围的事物——诸如"帝国""文化""基督教""俾斯麦"[1]和"成功"一概嗤之以鼻。这两种人就是叔本华和瓦格纳，一言以蔽之就是尼采……

[2]

在这四篇抨击性的文章中，最成功的要数第一篇，它所引起的轰动在任何方面都是巨大的。我戳到了这个常胜民族的痛处——它的胜利并不是文化上的胜利，而是某种完全不同的东西。反响来自四面

1　俾斯麦（Bismarck，1815—1898），普鲁士王国首相和德意志第二帝国宰相，极富政治手腕，有"铁血宰相"之称。

八方，绝不仅仅来自大卫·施特劳斯的老朋友——这个施特劳斯，我曾取笑他是德国文化培养出的庸俗之辈，自得自满之人。简而言之，他是《新旧信仰》这部平淡无奇的福音书的作者（自从有了我这本书，"教育庸人"一词就在德语中保留了下来）。施特劳斯的老朋友们，这些可怜的符腾堡人和士瓦本人，当我把他们的天才人物、他们的"天堂鸟"施特劳斯看作微不足道的笑料的时候，已经深深地伤害了他们。他们对此所做出的反应正如我预料的一样，憨直而粗野。普鲁士人的回应则更为聪明，带着一些"普鲁士蓝"[1]的色彩。名声最差的要数莱比锡的一家报纸，就是臭名昭著的《边境信使报》——我费了很大功夫才稳住盛怒的巴塞尔人，使他们不至于对这家报纸采取反抗行动。只有几位老先生出于复杂多样而又难以说明的原因，决定站在我这边。其中有一位是哥廷根的埃瓦尔德[2]，他指出我对施特劳斯的攻击是致

1　普鲁士蓝（Prussian blue），一种不溶于水的深蓝色染料。
2　埃瓦尔德（Ewald，1803—1875），德国东方学家。

命的；还有一位是黑格尔主义者布鲁诺·鲍威尔[1]，他自那时起就成了我最忠实的读者之一。布鲁诺·鲍威尔晚年还常常会提到我，比如，当他暗示普鲁士历史学家冯·特赖奇克[2]先生可以去哪里寻找早已被他遗忘的文化概念的信息的时候。有关我这本书最有分量、也是最长的评论，出自维尔茨堡的霍夫曼[3]教授之手，他是哲学家冯·巴德[4]的一位老门生。他在这篇文章中预见了我的伟大使命，即在无神论问题上引发危机，创造关键性的转折点，他认定在这方面我是最为本能、最为激进的提倡者。正是无神论把我引向了叔本华。最引人注目的、激起最多辛辣感受的评论是卡尔·希勒布兰德[5]对我的作品极富力量和胆量的赞赏，他平素温文尔雅，可以说是最后一个善于笔耕而又通晓人情的德国人。这篇文章

1　布鲁诺·鲍威尔（Bruno Bauer，1809—1882），德国哲学家，著名青年黑格尔派成员之一，后成为自由民主党人。

2　冯·特赖奇克（von Treitschke，1834—1896），法国历史学家、政治家。

3　霍夫曼（Hoffmann，1804—1881），德国哲学家，著有《哲学文集》。

4　冯·巴德（von Baader，1765—1841），天主教神学家、哲学家。

5　卡尔·希勒布兰德（Carl Hillebrand，1829—1884），德国历史学家。

发表在了《奥格斯堡报》上，我们今天仍然可以在他的文集中读到它，只是在措辞上采用了更加谨慎的语言。在这篇文章中，我的作品被描述为大事件、决定性的转折点、觉醒的最初迹象、非凡的征兆，甚至被看作是德国人在精神事物上的严谨和激情的真正复兴。希勒布兰德对我这本书的独特形式、卓越的鉴赏力，以及辨识人和事物的完美手法通通赞不绝口，他甚至认为它是德语世界中最出色的论辩作品，是对论辩艺术的最佳运用，对于德国人来说这种论辩艺术充满了危险因而遭到强烈地反对。我大胆地论述语言在德国退化的事实，他不仅支持我的观点，而且认为我可以把力度再加大一些（现如今作家们表现出纯粹主义者的样子，但却不能造出一个像样的句子）。他和我一样蔑视这个民族的文学巨星们，并且在文章的最后表达了对我的勇气的钦佩之情——他写道"那种大无畏的勇气将一个民族的宠儿送上了被告席"。我的这部著作对我一生的影响是难以估量的。自那以后就没有人再来干涉我了，人们不再说话了。在德国，人们以一种忧郁而谨慎的态度对待我：多年以来我一直享受着绝对的言论自由，现在没有人能说他享有这么充分的自由，至少在"帝国"内部是这样的。我的天堂就在"我的宝剑投下的阴影中"。实际上我所做的一切只不过是把司汤达的一条箴言付诸了实践：他告诫人们要以决斗的姿态迈入社会。看我选择了怎样的竞争对手！——德国最一流的自由思想家。事实上，一种全新的自由思想由此得到了表达：直到今天，没有什么比全欧洲和全美洲的自由思想家更让我感到怪异、格格不入的了。他们就是一群满脑子"现代观念"的不可救药的小丑和傻瓜，比起他们的对手，我和这些人的分歧更为深刻。他们也想以自己的方式来"改良"人类，也就是说，按照他们自己的形象来进行。如果他们理解我的立场和愿望，他们就会提出反对意见，并且发动一场气势汹汹的战争。他们所有人都依然相信"理想"……而我已经成为第一个反道德论者。

[3]

我不想断言《不合时宜的考察》中的最后两篇文章，也就是分别和叔本华、瓦格纳的名字有所关联的两篇文章，会对人们理解这两个人或者理解他们的心理问题有什么帮助。当然，有一些细节是例外的。比如说，我在这两篇文章里凭借本能的深刻确定性指出瓦格纳的天性中基本的因素是表演天赋，他的方法和灵感都是来源于此。实际上，在这篇文章中我想研究的是与心理描写完全不同的东西：一个前所未有的教育问题，一种对艰难的自律与自卫的新理解，一条通往伟大境界和具有世界历史使命的道路，都渴望得到表达。大致说来，按照人们抓住一个时机的方式，我抓住了两个著名的还完全不确定的类型，以便发表我对特定问题的见解，以及自由地掌握更多关于表达的公式、符号和方法。在《作为教育家的叔本华》一书中，我以十分巧妙的方式暗示了这一点。柏拉图也曾这样利用过苏格拉底的名字，也就是说借苏格拉底之口来表达他自己的观点。现在，过了一段时间之后，

107

我再次回顾起当时的心理状况——这些文章就是我那时心境的写照——我不想否认，它们讲的其实就是我自己。《瓦格纳在拜罗伊特》一文是我对自己未来生活的憧憬；《作为教育家的叔本华》则记载了我最内在的心理和我的成长过程。最重要的是我的誓愿，我今天是什么，我在什么地方——我身居高处，在这里我不再用语言说话，而用闪电说话！噢，我过去离这里多么遥远啊！但我曾看到过这片土地——对于道路、大海、危险和成功，我一刻也没有自欺过。那允诺中的伟大平静和对于未来的幸福展望，不能仅仅停留在想象的阶段！这本书里每个字都是我深切而内在的体验，它饱含着巨大的痛楚，那些字句随着热血奔涌沸腾。一阵自由的强风吹走了一切，创伤本身并没有起到阻碍作用。我所理解的哲学家就是一堆可怕的炸药，他使一切事物陷入危险当中。我自己关于哲学家的概念与其他人关于哲学家的概念完全不同，并且远远胜过他们，在我看来，就连康德都不能被看作哲学家，更不用说那些学院派的"反刍动物"和其他哲学教授了。这篇文章所提供的教益是不可估量的，而且我不得不承认，在这里发表看法的不是作为"教育家的叔本华"，而是作为"教育家的尼采"。考虑到那时我的职业还是学者，或许我也对自己的职业有所了解，因此在这篇文章中突然出现描写严肃学者心理的段落并不是毫不重要的：它表达了一种距离感，并且使我确定了什么才是我真正的使命，什么仅仅是手段、消遣和附属事务。我的聪明之处在于，我去经历很多事情，我到很多地方去，最终都只是为了做成一件事，为了能够获得那种唯一的品质。我命中注定要当一段时间的学者。

人性的，太人性的

[1]

《人性的，太人性的》一书及其两个续篇，可以说是危机的里程碑。它被称作一本为自由精神而写的书：书中几乎每一个句子都表明了一种胜利——由此，我肃清了我身上不合乎我的本性的东西。"唯心主义"与我是不相符的，这本书的标题就意味着："在你们看到理想的事物的地方，我看到的却都是人性的，啊，太人性的事物！"我比其他人更了解人类。这本书中的"自由精神"一词除了被理解成已经获得自由的精神，或已经掌握了自身命运的精神之外，没有其他的意思。我的声调和语气已经发生了彻底的改变，人们可能会觉得这本书睿智、冷酷，有时也不乏生硬和嘲讽。一种高雅趣味的精神性始终在对抗它脚下的狂热激流，并且试图占据主导地位。这本书赶在1878年出版是为了纪念伏尔泰[1]逝世一百周年，这具有非凡的意义。因为伏尔泰与他之后的所有作家相反，他首先是一位精神上的大贵族，而我也正是如此。伏尔泰的名字出现在我的著作中，这对我来说确实是一种进步。如果你更仔细地考察这本书的话，你就会发现一个冷血无情的精神，他可以洞悉"唯心主义"所有隐秘的藏身之处，甚至是它们仅存的堡垒和最后的避难所。我手中握着火炬，它发出的光亮十分坚定，没有丝毫闪烁，锐利的锋芒照耀在这黑暗的地下世界。这就是战争，只是没有炮火和硝烟、没有作战的姿态、没有哀伤的情感也没有残肢断臂——所有这一切本身或许依然是"唯心主义"。

错误一个接一个地被悄然无息地撂倒在冰面之上，"唯心主义"本身并没有遭到驳斥——它冻僵了。比如，在这里"天才"被冻僵了，在那个角落"圣人"被冻僵了，在巨大的冰柱下"英雄"被冻僵了，

<hr>

1　伏尔泰（Voltaire，1694—1778），法国自然神论哲学家，启蒙运动的著名代表人物。

最后"信仰"本身也被冻僵了。所谓的"信念"和"同情"明显冷却了——几乎各个地方的"自在之物"都快要被冻死了。

[2]

这本书的写作开始于首届拜罗伊特音乐节期间，当时我对周围的一切都怀有深度的陌生感，这恰恰成了我写作的一个前提。谁要是知道那时在我经过的道路上曾掠过怎样的幻景，他就会明白我每天在拜罗伊特醒来是什么样的感受，我就像是在做梦。我到底在什么地方？我什么也认不出来了，我几乎连瓦格纳也认不出来了。我试图追忆往事，但只是徒劳。特里普森[1]——这个遥远的极乐之岛，丝毫没了和记忆相似的痕迹。投身于奠基典礼的那段日子，欢庆典礼的发起人的小团体，以及那些极为心灵手巧的人，现实没有一点和记忆相似的地方。

---

1 特里普森（Tribschen），瑞士中部卢塞恩州卢塞恩市的一个区，德国作曲家瓦格纳的故乡。

到底发生了什么事情？瓦格纳被德国化了，他的信徒把他压倒了。德国的艺术！德国的大师！德国的啤酒！我们非常清楚瓦格纳的艺术只是面向那些技艺十分精湛的艺术家和那些具有世界主义审美趣味的人，因此当我们发现瓦格纳竟然披上了德国道德的外衣时，我们感到格外愤怒。我想我足够了解瓦格纳的信徒们，我已经见识过三代他们这样的人了，从那位已故的、把瓦格纳混同于黑格尔的布伦德尔[1]开始，到把瓦格纳混同于他们自身的拜罗伊特新闻界的"唯心主义者"们——我听到过"美丽心灵"对瓦格纳的各式各样的告白。这是一个会说漂亮话的王国，实际上是一个令人毛骨悚然的团体！诺尔、波尔、科尔和其他金玉其外的人物！[2]他们之中不乏怪胎，更有不少反犹太主义者。可怜的瓦格纳！他已经沦陷至何种境地了啊！但愿他不会沦落到猪猡

1　布伦德尔（Brendel，1811—1868），德国作曲家。

2　诺尔（Ludwig Nohl，1831—1888），德国音乐学者和作家；波尔（Richard Pohl，1826—1896），德国音乐评论家、作家；科尔（J.G.Kohl，1808—1878），德国旅行作家、历史学家和地理学家。

堆里去！可叹他竟与德国人为伍了！未来为了教化后人，真应该把一位纯正的拜罗伊特人制作成标本，最好是浸泡在酒精里保存——因为这里缺少的正是酒精，并且在瓶子底部注明："建立'德意志帝国'所需的精神就是这个样子的。"我已经受够了这些！在庆祝活动期间，尽管有一位迷人的巴黎女子尽力开解我，我还是突然收拾行囊外出了几周。我只是随便给瓦格纳发了一封电报聊表歉意。在波姆林区深处的一个名为克林恩布隆的隐秘小镇上，对德国人所怀有的忧伤和轻蔑的情感犹如疾病一般困扰着我。我偶尔会在我的笔记本上、在"犁铧"这个总标题之下，记录一两句话，纯粹是一些朴素的心理描写，也许在《人性的，太人性的》这本书中可以找到它们。

[3]

当时我身上正在发生的事情绝不仅仅是与瓦格纳的决裂。我感到我的本能整个误入歧途了，而其中个别的失误，无论是瓦格纳还是巴塞尔教职，都只不过是这种总体迷误的一个征兆。对自己的烦躁占据了我的内心，我意识到该是好好反省自己的时候了。一瞬间，我恍然惊醒，多少时光已然白白虚度，和我一生的使命相比，我作为语言学家的身份又是多么微不足道啊。我甚至为自己这种虚假的谦虚而感到万分羞愧……十年过去了，在这期间我完全停止了对精神营养的汲取，我没有学到更多有用的知识，我追逐着杂乱无章而又枯燥无味的学术事业，以至于忽视了无数真正有价值的东西，用一双高度近视的眼睛在古希腊韵律学家的诗文中小心翼翼地摸索——我就是这样走过来的！我顾影自怜，身形消瘦，面色憔悴：我的知识储备中缺乏实在性，而"理想性"只适合魔鬼的口味！一种正在燃烧的有益的渴望攫住了我，从那以后，我实际上从事的就只有生理学、医学以及自然科学，只有当我的使命对我提出了迫切的要求时，我才会再次回返到历史研究中去。也正是在那个时候，我第一次发现选择违背本性的工作（即一个令人很不愿意尽职的职业）与用催眠术（比如瓦格纳的艺术）来麻痹空虚感和饥饿感存在莫大的关联。通过对我自己的审视，我发现许多年轻人都有同样的困惑：一种违反天性的活动势必会导致另一种违反天性的活动。在德国，为避免歧义更确切地说是在"帝国"，有太多太多的人被迫过早地选择职业，然后在终生无法摆脱的重负之下逐渐衰弱下去……这些人对瓦格纳的渴求就像他们对鸦片的渴求一样——他们因此能够暂时忘却自己、暂时摆脱自己……我在说些什么啊！竟然说了五六个小时。

[4]

当时，我的本能坚决地反对一切长久的屈从，随波逐流和自我混淆。任何一种生活，哪怕是最恶劣的环境、重病和赤贫，在我看来都要比我曾经沦陷于其中的那种有失尊严的"无私"更讨喜。最初我因为年少无知而深陷其中，后来我由于懒惰（也就是所谓的"责任感"）而继续停留在这种"无私"当中。在这个紧要关头，我从我父亲那里继承而来的可怕的遗传病（其实就是容易过早逝世的体质）帮了我的大忙，尽管是以我不太赞赏的方式。疾病慢慢地把我从辛劳中解脱出来，它使我免于任何形式的决裂、暴力和唐突的行为。那时我对其他人的善意并没有丝毫减少，反而增加了许多。疾病赋予我权力去彻底改变我的生活方式，实际上它不是允许我而是命令我去忘却。疾病还赠予我静卧、悠闲、等待和忍耐的必要……而这些就是思想！我眼睛的状况终结了我嗜书如命的生活，或者，用简单的英语来说就是：我从书本中解放出来了，我有好多年都没有看书了，这大概是我授予自己的最大恩惠了！那个最深处的我，曾经因为老是被迫要去倾听他人的自我（读书就是这么一回事）而被掩埋起来逐渐失声，现在它又缓缓地苏醒过来了。起初它还十分胆怯、满心疑惑，但最后总算重新开口说话了。在我身体最虚弱、最痛苦的这段时间里，我却感受到了最大的快乐。你只要读一读《曙光》或者《漫游者及其影子》就会明白"回到自我"真正意味着什么：它是自我康复的最高形式，我的痊愈就是"回到自我"的结果。

[5]

《人性的，太人性的》这本书是严格自律的纪念碑，借助它我彻底地摒弃了我身上所有的"高级废话""唯心主义""美好的感觉"和其他女性化的东西。这本书的主体部分是在索伦托[1]写的，并且最终完稿和定型在巴塞尔度过的那个冬天。我在巴塞尔时各方面的状况都远远比不上索伦托。这本书的主要负责人是彼得·加斯特，他那时还是巴塞尔大学的一名学生，也是我忠实的朋友。当时我的头上缠着绷带，而且头疼得厉害，于是就由我口述，由他来记述和校正——准确地说，他才是这本书的作家，而我只是作者而已。当这本书最终完成并且送到我的手上时，令当时身患重病的我大为惊喜，我寄了一些出去，其中

---

1 索伦托（Sorrento），意大利南部的一个城镇，濒临那不勒斯湾，是旅游中心和避暑胜地。

两本送到了拜罗伊特。出于灵性上美妙的巧合，我同时也收到了一本《帕西法尔》的精装样书，书上附有瓦格纳亲手题写的赠言："献给我亲爱的朋友弗里德里希·尼采，教会委员理查德·瓦格纳敬上。"这两本书交相赠送，我似乎感觉到了一种不祥的氛围。这听起来不就像是两把剑在交锋吗？我们两个人似乎都有这种感觉，因为我们共同陷入了沉默。就在这个时候，拜罗伊特的第一批刊物出版了：于是我明白了那些发生在我身上的转变其实正是时候。难以置信哪！瓦格纳竟然开始笃信宗教了！

[6]

那时（1876年）我对于自己的态度、我对于自己肩负的使命和这份使命可能产生的世界历史性影响所怀有的确信，已经悉数记载进了这本书里，尤其体现在一段意味深长的文字之中。出于本能的机警，我在这里还是要避免使用"我"这个词，这一次不是为了和叔本华或者瓦格纳一起共同沐浴在世界历史性的荣耀中，而是要和我的另外一位朋友，杰出的保尔·瑞[1]博士——所幸他足够敏锐而不至于被欺骗，其他人则稍显逊色。在我的读者之中有许多令人失望的人，比如典型的德国教授们，这些人会根据上面的段落而把这整本书都看成是一种更高级的保尔·瑞主义。事实上，我这本书有五六个地方和我这位朋友的言论相冲突：对此人们可以查阅《道德的谱系》一书的前言。——其中有段文字与此有关："最勇敢、最冷静的思想家，写了一本小书。"——《道德感受的起源》"（参看尼采，第一个非道德主义者）"，"在深刻透彻地分析了人类的行为之后，究竟得出了什么重要的原理呢？"，"道德的人，他认为'并不比肉体的人更加接近理智（形而上学）世界，因为理智世界根本就不存在'。这一论断在历史知识的锤击之下变得愈加坚硬而锋利了。"（参看《重估一切价值》）"兴许在未来的某一个时刻，可能就是1890年，它可以当斧

1　保尔·瑞（Paul Rée，1849—1901），德国心理学家。

头使用，把人类'形而上学的需要'连根砍断。这对人类来说究竟是福还是祸，现在还很难断言。无论如何它都是一个具有重大意义的论断，有益的同时又可怕，以双重视角审视世界，一切伟大的认识都具备这种视角。"

曙光

关于道德即偏见

[1]

我以这本书正式向道德宣战。这场战争中没有丝毫的硝烟味，要是你的嗅觉足够灵敏的话，还会闻到完全不同的、令人愉快的气味儿。这里没有任何轻型小炮或者重型大炮，就算它的结果是消极的，它所使用的方法却并非如此。这种方法所产生的效果更像是逻辑推论而不是发射火炮。读者们如果考虑到迄今为止在道德的名义下备受尊重和崇敬的那些东西，采取小心谨慎的态度对这本书敬而远之，这也并不能改变一个事实：这本书中没有任何否定的字眼、没有任何攻击，也没有任何恶意——恰恰相反，它就像是一只海兽慵懒地倚在两块岩石之间晒太阳，充满安详和愉悦。老实说，我自己就是这只海兽：这本书里的每一句话都是我在热那亚附近的岩石堆上想到的，或者说是捕捉到的。那时我独自幽居，常常与大海互诉衷肠。直到现在，当我偶尔翻开这本书的时候，我觉得仿佛每句话都变成了钓钩，凭借着它们，我可以从深渊中钓上来某种无与伦比的东西：它全身的皮肤由于回忆而轻微地颤抖。这本书之所以能够引人注目，是因为它非常善于把握那些迅速而悄然消逝的东西，比如被我称之为神圣蜥蜴的那些时刻——它不像那位年轻的希腊神那样残忍，后者总是用一些尖锐的东西，比如笔头，把这只可怜的小蜥蜴刺穿。"还有那么多的曙光尚未闪耀"——这句印度名言被写在了这本书的扉页上。本书的作者要去哪里寻找那新的黎明，那尚未显现出来的、开启新一天的朦胧的曙光呢？啊！那一连串的新日子，那整个世界的新日子！要到《重估一切价值》中去寻找，要摆脱一切道德价值的束缚，要以信任的态度肯定那些长期以来被禁止、鄙视和诅咒的东西。这本肯定之书把它的光芒、爱意和温柔洒向一切邪恶的事物，使它们重获灵魂、良知和生存于世的高尚权利。道德没有受到抨击，人们只是不再理会它了。这本书以"或者"一词结尾，这也是唯一一本以"或者"来做结尾的书。

[2]

我的使命就是为人类准备一个最高的自我反省的时刻，一个伟大的正午，那时人们回顾历史、展望未来，摆脱了偶然性和教士的支配，并且第一次把人类的原因和目的这样的问题作为整体提出来。我的使命是基于这样一个信条：人类不会自然而然地走上正确的道路，人类不受神性的统治，相反，正是在最神圣的价值概念的影响下，人类消极、腐化和堕落的本能才受到了引诱。对我来说，道德价值的起源问题至关重要，因为它决定着人类的未来。人们被要求相信一切事物都处于最好的安排之中，《圣经》给我们以确切无疑的慰藉，英明的神意主宰着人类的命运。把它还原为相应的现实，就是扼杀与此相反的一切真理的意志，即人类一直处于最糟糕的境遇之中，人类的命运掌握在那些生理不健全、阴险狡诈、极爱报复的人和所谓的"圣徒"手中，他们其实是世上的诽谤者和人类的中伤者。教士们（也包括隐蔽的教士，即哲学家）不仅掌控着特定的宗教团体，而且还把势力蔓延到各处，颓废的道德和虚无的意志竟然被看成了道德本身。一个明证便是：利他主义成了绝对的价值，而利己主义却处处被人敌视。凡是在这个问题上不同意我的看法的人，我都认为他受到了利他主义的感染。可是，全世界都不赞同我。对于一位生理学家来说，价值之间的对立是毋庸置疑的。哪怕身体内最微小的器官在维持其自我保存、精力补偿、利己主义方面稍微有所懈怠，都会导致整个系统的衰退。生理学家坚持要切除坏死的部分，他对这些部分没有任何同情，也丝毫不感到惋惜。但是教士想要的正是全人类的衰退，因此他们要保留坏死的部分，从而达到统治人类的目的。那些骗人的概念、道德的那些婢女——灵魂、精神、自由意志以及上帝，如果它们的目的不是在生理上毁灭人类，那它们还有何意义呢？如果人们不再重视自我保存和增强体力的本能，也就是不再增强生命力，把贫血症当成理想，把蔑视身体理解成"拯救灵魂"，这如果不是导致人类衰退的处方的话又是什么呢？没有实质内容，抗拒自然本能，无自身性，事实上，这就是迄今为止被人们称作道德的东西。以《曙光》一书，我开始了反对自我否定的道德的斗争。

快乐的科学

《曙光》是一部持肯定态度的书，寓意深刻而不失明快亲切。这个特点在很大程度上也适用于《快乐的科学》：书中几乎每一句话都巧妙融合了深奥的意义和活泼的风格。有一首诗表达了我对自己经历过的那最美妙的一月的感激之情——这整本书都是一月送给我的礼物——它充分揭示出了深不可测的深渊，在那深渊之中，所有"智慧"都变成了快乐。

你用火焰的长矛

刺融我灵魂的寒冰

我的灵魂呼啸着奔腾向前

奔往那荣耀的希望之海

更加光明，更加纯净

它在一切束缚之中自在游走

它这样颂扬你的努力

一月，你美好而神圣！

　　一个人要是读到《查拉图斯特拉如是说》第四部分结尾那些如钻石般闪耀的字句，或者第三部分结尾那些如花岗岩一般的句子（在这里适合于所有时代的命运第一次得到了公式化的表达），他还会怀疑这里所说的"荣耀的希望"吗？《自由鸟王子之歌》大部分是在西西里岛写成的，它们强烈地使我想起普罗旺斯语中的"快乐的科学"一词，使我想起歌手、骑士和自由精神的统一，正是这些东西使得普罗旺斯灿烂的早期文化从众多模棱两可的文化中脱颖而出。尤其最后一首《致米斯特拉尔》[1]——是一支热情洋溢的舞曲，恕我直言，在这里，新精神正是踩着道德的尸体在自由起舞——这是地地道道的普罗旺斯主义。

1　米斯特拉尔（Mistral，1830—1914），法国诗人，一生致力于复兴普罗旺斯语。

查拉图斯特拉如是说

一本为所有人也不为任何人写的书

[1]

我现在要来讲述查拉图斯特拉的故事。这本书的基本观点——永恒轮回思想产生于 1881 年 8 月，它是所能达到的肯定生命的最高形式。我把它记在一张纸上，并且在后面附了这样一句话：高于人类和时间6000 英尺。那天我正好在西瓦尔波拉纳湖[1] 边的树林里散步，然后在距离苏尔莱[2] 不远的一块如金字塔般高高耸立的巨大岩石旁停了下来。永恒轮回的思想就是在这个时刻产生的。现在回过头去看，在这个思想的灵感迸发出来的两个月以前其实早有预兆，表现就是我的品位突然发生了重大的转变，尤其是在音乐方面。或许整个《查拉图斯特拉如是说》也可以归到音

---

1 西瓦尔波拉纳湖（Lake of Silvaplana），位于瑞士上恩加丁山区。
2 苏尔莱（Surlei），在西瓦尔波拉纳湖的东南方向。

乐的名目之下，毕竟，听觉艺术的再生是其产生的必要条件。1881年的春天我是在雷科阿罗度过的，它是维琴察附近的一个小型的山区疗养院。[1] 在那里，我和我的朋友——著名音乐大师彼得·加斯特（他也是一位再生者）共同见证了音乐这只凤凰久久地盘旋在我们四周的景象，它的羽毛显现出前所未有的轻盈与光泽。要是从那天开始算起，直到1883年2月，这本书在极不可能的情况下横空出世为止，整个"孕育"阶段大概持续了十八个月。最后一部分（我在前言中引用过这部分的几个句子）写于理查德·瓦格纳在威尼斯逝世的神圣时刻。十八个月的孕育时长在佛教徒看来，这表明我实际上是一头母象。其间还穿插了《快乐的科学》的写作，它里面蕴含着数百个近乎无与伦比的启示，并且在第四部分最后一句话表达了查拉图斯特拉的基本思想，这就表明了查拉图斯特拉的问世。除此之外，《生命颂》（用于合唱和管弦演奏）的创作也

1　雷科阿罗（Recoaro）、维琴察（Vicenza），意大利威尼斯西部的小城镇。

是在这期间完成的，总曲谱两年前由 E.W. 弗里茨出版社在莱比锡出版。它对我这一年的精神状态大有启发，其中蕴含的肯定的激情（我称之为悲剧激情）充满了我的身心。总有一天，人们会唱着这首颂歌来怀念我。因为这方面有一些误传，所以我要明确指出，歌词不是我写的，它是出于一位俄国年轻女子的惊人灵感，也就是我的朋友路·冯·莎乐美[1]小姐。谁要是能够理解这首诗的最后几句，他就会明白我为什么如此偏爱和赞赏这首诗：它自有其伟大之处，它并没有把痛苦视作生存的障碍："如果你已经没有任何幸福可以给我了——那好！就把你的痛苦给我吧！"

或许在这里我的音乐也变得伟大了。（顺便更正一处印刷错误，最后一个双簧管音符是升 C 小调而不是 C 调。）接下来那个冬天，我是在宁静迷人的拉帕洛海湾度过的，这个海湾离热那亚不远，它从基亚瓦里和波托菲诺岬角之间切入陆地。我的健康状况不

1　路·冯·莎乐美（Lou von Salome，1861—1937），生于俄国，流亡贵族、作家，生前与欧洲知识界名人有往来。

是很好，那里的冬天又雨水连绵，寒冷难耐；而我居住的小旅馆离海边很近，大海的涛声使我整夜难以安眠。这些情况显然非常糟糕。尽管如此，却印证了我的信念：一切重要的东西都产生于对逆境的反抗。正是在这个冬天，在这么多不利的条件之下，我的《查拉图斯特拉如是说》诞生了。每天上午，我都朝南沿着通往左阿利的宽敞大道散步，登上高处，穿过一片松树林，远眺大海；每天下午，只要健康状况许可，我就绕着整个海湾，从桑塔玛格里塔走到波托菲诺岬角。这个地方颇受弗里德里希三世的喜爱，因此更加深得我心。1886年秋天，当他最后一次访问这个被遗忘的小小欢乐世界的时候，我碰巧也又回到了那里。就是在这两条路上，《查拉图斯特拉如是说》从我脑海中涌现了出来，尤其是查拉图斯特拉本人这个典型——更准确地说，在这些散步中，他向我袭来。

[2]

为了理解这个典型，人们首先必须弄清楚他的生理学前提，也就是我所说的伟大的健康。对于这个概念最清楚、最具体的阐释莫过于我在《快乐的科学》第五章结束语（第 382 节）中所做出的了。我在那个段落里写道："我们，是一群崭新的、无名的、难以理解的产品，同时也是未曾试验过的初级品。总之，我们需要新的目标和新的手段，即是一种比过去更强壮、更敏锐、更坚韧、更快乐、更有胆量的健康。这种人渴望去体验各种被认可的价值和希求，并且要航遍理想的'地中海'一周；从这样的个人之冒险经验中，他想知道当成为其理想的征服者之时内心会有什么样的感受——就像那些艺术家、圣者、使徒、立法者、学者、先知、奉献者，以及反叛旧形式、旧习俗的人所曾经感受过的一样。我们追求理想的目的就是要达到'伟大的健康'，并且还要不断追寻下去，因为我们会不断将它奉献出来，而且势必要如此！现在，我们这些追求理想的冒险者，其勇气还胜于谨慎，丝毫不在意翻船的危险，故而，我们比其他一般人更为健康。我们涌向一片尚未开发的领域，没有人知道它的界线，其中充满了华丽、诡异、疑难、怪奇和圣洁，使我们的好奇心和欲求有如脱缰之马，不可控驭。天哪！再也没有任何东西可以满足我们无穷的欲念了。在经过这样的体验和意识的探索之后，我们又怎样会以身为现代人而满足呢？我们用窃窃暗笑的态度来看现代人最引以自豪的理想和希望，对之感到既遗憾而又无奈，或许我们再也不会去看它们一眼。在我们的眼前，有另一个奇特、诱人而危险的理想，对于这种理想，我们可不能随便劝人去追求，因为我们并不确知是否每个人都有这份资格和能耐——一个纯真（意即自然流露的力量和泉源）的人将一切庄严、美好、神圣而不可侵犯的东西玩弄于其掌上的理想。对有些人而言，这种充沛的理念已经包含了许多危险、毁灭、低俗，甚至是松懈、盲目和暂时的健忘等毛病。这种谦卑的超人性福祉和理想往往显得极不人道，譬如说，将之置于过去世俗之所有严肃之物旁，而与其源头、言语、音调、神情、道德，以及工作等相形之下，就好像是那些人最真诚的打油诗似的；不过，或许真正的最严肃的一切才刚揭开序幕，问号早已画下，人类的命运已然转变，时针在移动，悲剧诞生了。……"[1]

[3]

19 世纪末，有谁对强大时代的诗人们所谓的"灵感"有一个清晰的概念呢？如若没有，那我要来做个描述。只要一个人身上尚且残留一丝迷信，那他就很难彻底抛开那种认为人只是超强力量的化身、代言人和媒介的观点。"启示"这个概念，如果意思是某些让人感到震撼和困扰的东西，一下子可以非常清晰、精准地看见、听见，那么它就是在描述事实。人们听到它的声音却不去追寻它，人们接受它却不问给予者是谁：思想的迸发有如闪电一般，来自必然性，没有丝毫迟疑——在这方面我从来没有什么选择空间。欣喜若狂之后，紧张的情绪常常使人热泪盈

1　引号部分出自《快乐的科学》（华东师范大学出版社，2007 年版）。

眩，步伐也不由自主，时而迅速、时而缓慢。一种完全忘乎所以的状态，带着对无数直达脚趾的细微的战栗与兴奋的最清晰的意识。一种深度的幸福，在其中最痛苦和最阴郁的部分不再是其余部分的阻碍，而同样是光谱中必不可少的重要色彩。一种包含世界上所有形式的韵律关系的本能（音长，也就是对大跨度韵律的需求，几乎成了灵感强弱的标准，成了其压力和张力的补充物）。一切都是自然而然发生的，就像是发生在一场自由、绝对、权力和神性的猛烈的风暴当中。形象和比喻的无意识本性是最为奇特的，人们不再有什么是形象、什么是比喻的概念了，万物都以最接近、最真实、最简单的表达方式来呈现自己。用查拉图斯特拉的话来说，就好像万物主动走上前来，并且自愿成为比喻。（"在这里，万物都表示亲热地听你讲话，奉承你：因为它们想骑在你的背上驰骋。在这里，你骑在每个比喻的背上驰向每一条真理。在这里，一切实存之语言和语言的话匣都向我打开：在这里，一切实存都想变成语言，这里，一切转变都要向我学习说话。"）[1] 这就是我对灵感的经验之谈。我确信，我得往前回溯数千年才能碰到另一个人说："这也是我的经验！"

[4]

后来的几周，我卧病于热那亚。接着，我在罗马度过了一个忧郁的春天，在那里我算是勉强活了下来——真不容易。罗马实在太不适合查拉图斯特拉的作者居住了，这个地方不是我自愿选择的，它让我受尽折磨。我曾经试图离开这里。我想去阿奎拉[2]，它在各个方面都和罗马正好相反，事实上这座城市就是出于对罗马的敌意而建造的。有一天我也要建造一座城市来纪念一位无神论者和教会的反对者，同时也是我的一位近亲，伟大的霍亨斯陶芬皇帝弗里德里希二世。但是天意弄人，我不得不返回罗马。我实在找不

---

1 引号部分出自《查拉图斯特拉如是说》（生活·读书·新知三联书店，2007年版）第三部，"还乡"。
2 阿奎拉（Aquila），位于瑞士南部阿尔卑斯山区。

到一个反基督教的地方，于是勉为其难地住在了巴贝里尼广场。我害怕难闻的气味，为了尽量避开它，我还曾向奎里那莱宫的人打听那里能否提供一处适合哲学家居住的安静房间。刚刚提过的巴贝里尼广场上方有一个大厅，从那里可以一览罗马全景，可以听见底下广场上喷泉的流水声，我在这里写下了最为寂寞的一首歌——"夜歌"。那时，我的耳边总是萦绕着无法言说的忧伤曲调，我在歌曲叠句部分写下了这样的一句话："在不朽中死去。"……夏天，我再次回到了那个查拉图斯特拉像闪电一般掠过我脑海的神圣地方，并且完成了第二部分的写作，只用了十天工夫。无论是第二部分、第一部分还是第三部分，我都没有多花时间。随之而来的那个冬天，在尼斯宁静的天空之下，我第一次感到生命中有光照进来了，在那里我写完了《查拉图斯特拉如是说》的第三部分，至此这本书也最终完成——全书耗时几乎不到一年。我在尼斯周边隐蔽的角落和山冈度过了许多难忘的时光，那个名为"古老的法板和新的法版"的关键章节就写于从火车站到伊扎（摩尔人居住的奇妙岩穴）的艰难的上坡路段。当我的创造力喷薄而出的时候，我的身体状况也是最好的，身体充满了激情，就让我们忘却"灵魂"问题吧。那些日子，人们常常可以看到我手舞足蹈的情景，我甚至连续爬山七八个小时也毫无疲态。我睡得香甜，笑得痛快，神采奕奕，耐心十足。

[5]

除去创作《查拉图斯特拉如是说》这一年中的那几个十天之外，此后我的生活过得异常艰辛。人想要不朽，就得付出昂贵的代价：为达到这个目的，他要先在有生之年死去很多次才行。有一种东西我把它称为伟大事物的复仇欲望：任何伟大的东西，无论是一部作品还是一项事业，一旦完成，就会立刻掉过头来反对它的行为主体。仅仅因为他做了这件事情，他就要受到削弱。他再也不能承受自己的行为，再也不能正视自己的行为了。那些人们从来不敢设想的事情一旦完成了，关系到人类命运的事情一旦完成了，就会立刻掉转过来反对做这件事情的人！几乎要把他摧毁！伟大事物的复仇欲望啊！另一个东西，就是笼罩在人们身边的可怕的寂静。孤独有无数层厚皮，什么都无法穿透它。你走在人群之中，你和朋友打招呼：但这些只不过是新的荒野，没有一个人投来问候的目光。充其量会受到一些反抗，我体会过不同程度这样的反抗，几乎是来自我身边的每一个人。没有什么比突然拉开距离更伤人的了。不心怀敬重就不知道怎么活下去，这样高贵的天性是少之又少的。我要说的第三件事就是皮肤对微小刺激的荒唐的敏感性，即在一切小事面前束手无策。在我看来，这是由于过度消耗反抗力造成的，而反抗力是所有创造性活动、所有发自人内心深处最隐秘的活动的先决条件。小的反抗力耗尽暂停之后，却没有任何新的能量补充进来。我还认为人们的消化会变得越来越差，因为不愿意运动，而且任由冷酷和怀疑的情绪支配。在相当多的情况下，怀疑仅仅是病原学上的某种失误。由于更温和、更人性的思想的回归，我曾经在看到牛群之前，就已经感受到它们的临近了：牛群对我散发出温情……

[6]

这本书完全自成一体，同时，我们不要去理会那些诗人。或许从来就没有出现过如此富有力量的作品。在这里，我的"狄奥尼索斯"概念成了最伟大的事业。和它比起来，人类其他的事业都显得贫乏而有限。在这高山绝顶激情洋溢的空气中，歌德和莎士比亚可能根本不知道该如何呼吸；在查拉图斯特拉身旁，但丁 [1] 只不过是个信徒，而不是第一个创造真理的人，不是统治世界的精神，也不是命运；创作《吠陀经》[2] 的诗人仅仅是一群僧人，他们连给查拉图斯特拉脱鞋的资格都没有——这些都是微不足道的事，远远没有表达出这本书主要论述的那种遥远的距离感和

1　但丁（Dante，1265—1321）意大利文艺复兴时代著名诗人，代表作《神曲》。
2　《吠陀经》（Veda），古印度婆罗门教最早的文献，用古梵文写成，在印度被视为圣典。

清高的孤独感。查拉图斯特拉永远有权利说："我在我的四周围画上圆圈和神圣的界线；登上越来越高的山，跟我一同登山者就越来越少：我由越加神圣的群山构成一条山脉。"[1]就是把所有伟大灵魂的精神与善良合在一起，也不足以创造出查拉图斯特拉的一句妙语。他用来上下的梯子无限延长，他比其他任何人都看得更远、想得更深、做得更多。这位全人类最善于肯定的人，他说出的每一句话都是矛盾的。通过他，所有的矛盾都达到新的统一。人类天性中最高尚和最卑劣的力量，最美好、最光明和最可怕的东西，都源源不断地从一个泉眼中涌现出来。在他出现以前，没有人知道什么是崇高，什么是深邃，更不用说什么是真理了。就连最伟大的人也不曾料想到真理何时降临。在查拉图斯特拉之前，世界上不存在任何智慧，没有对灵魂问题的探究，也没有语言的艺术：在他这里，最熟悉、最平常的东西道出了人们闻所未闻的事情。话语因为

1　引号部分出自《查拉图斯特拉如是说》（生活·读书·新知三联书店，2007年版）第三部，"古老的法板和新的法版"。

激情而颤动，雄辩犹如宏大的音乐。闪电的雷光投向人们从未设想过的未来。同语言向形象本质的回归相比，以往最有力的寓言也如同儿戏一般苍白。请看查拉图斯特拉是如何从山上走下来，并向所有人道出最富善意的话语！看他多么亲切地与他的敌人握手，他甚至同那些教士一起承受苦难！在这里，人已经被克服了，"超人"这个概念正在成为最大的现实。迄今为止，人类身上被称为伟大的一切东西都远远在超人之下，甚至低到看不见的程度。平和的光辉、轻快的步伐、无所不在的恶意和热情，以及查拉图斯特拉的一切本质属性，从来没有人梦想过伟人的这些特质。正是在这个空间范围内，在与敌对者的接触过程中，查拉图斯特拉感觉到自己就是一切存在物的最高形式：当你听到他是怎样定义这个最高的形式时，就不会试图去寻找能够与他相媲美的人了。

因为拥有最长的梯子而能下降到最深处的这种灵魂，

——能在自己的内心中奔跑、游荡、漫步得最远的广大无边的灵魂；

由于兴之所至而闯进偶然之中的最必然的灵魂：——

——钻进发展过程中的现存的灵魂；

想要满足意愿和渴望的拥有者的灵魂：——

——逃避开自己、又在画出的极大的圆圈里赶上自己的灵魂；

听愚蠢用最甜蜜的言语劝说的最聪明的灵魂：——

——最喜爱自己、而在心中一切事物都有顺流和逆流、落潮和涨潮的灵魂：——[1]

这就是狄奥尼索斯概念本身。另一种考虑也会导向这个方面。查拉图斯特拉式的人提出的心理问题是：一个在语言和行动上都坚决反对迄今为止人们所认可的一切东西的人，他怎么还能是一个具有肯定精神的人呢？一个肩负着最沉重的命运和最危险的使命

1　引号部分出自《查拉图斯特拉如是说》（生活·读书·新知三联书店，2007年版）第三部，"古老的法板和新的法版"第19节。

的人，怎么还能具有最轻快最超然的精神呢？因为查拉图斯特拉是一位舞者吗？一个对现实具有最严酷、最可怕的见识，思想最为深邃的人，怎么能不把这些当作生存的障碍，甚至是永恒轮回的障碍呢？他是如何找到永远肯定一切事物的理由的？"这巨大的无限的肯定和祝福"……"我要把我对生命肯定的祝福带到一切深渊之中"……再重复一遍，这就是狄奥尼索斯的概念。

[7]

当这样一个人向自己的灵魂说话时，他会用什么语言呢？酒神颂歌的语言。我正是酒神颂歌的开创者。请听查拉图斯特拉在"日出之前"是怎样自言自语的。在我之前，还没有人能言说这种绿宝石一般的幸福和神性的温柔。就连这位狄奥尼索斯最深沉的忧郁，也会变成酒神颂歌。我以"夜歌"为例，这是一首永恒的悲叹，由于光和力太过丰富，由于身体内的太阳，他注定不能去爱。

夜来了：现在一切跳跃的喷泉都更加高声地说话。而我的灵魂也是一注跳跃的喷泉。

夜来了：现在一切热爱者之歌才苏醒过来。而我的灵魂也是一个热爱者之歌。

在我心中有一种不平静、无法平静之感；它要公开出来。在我心中有一种爱的渴望，它自己说着爱的语言。

我是光：唉，但愿我是夜！可是，我被光围裹着，这乃是我的孤独。

唉，但愿我像夜一样黑暗！我多么想吮吸光的乳房！

我甚至也想祝福你们，你们，闪烁的星星，天上的萤火虫！——你们的光之赠礼使我感到快乐。

可是我生活在我自己的光里，我把我自己发出的火焰又吸回我的身体里。

我不知道受取者的幸福；我常常梦想着，盗窃一定比受取还要幸福。

我的手总是不停地赠予，这就是我的贫穷；我看着期待的眼睛和充满渴望的明亮的夜，这就是我的嫉妒。

哦，一切赠予者的不幸啊！哦，我的太阳的日食啊！哦，有所渴望的欲望啊！哦，吃饱了还要吃的馋痨啊！

他们从我手里受取；可是我还会触到他们的灵魂吗？在施予和受取之间有一道鸿沟；而最小的鸿沟乃是最不容易逾越的。

从我的美中生出饥饿：我要让那些被我照耀的人们感到痛苦，我要让受我施予的人们再被我夺取——我就这样渴望作恶。

当他们的手已经向我伸出时，我缩回我的手；我迟疑不决，就像在落下时还迟疑不决的瀑布一样——我就这样渴望作恶。

我的充实图谋这样的报复：从我的孤独中涌出这样的诡计。

我的赠予的幸福消逝于赠予之中，我的道德由于它的充实而厌倦它自己。

不断赠予的人，他的危险就在于他会丧失羞恶之心；不断分配的人，他的手和心会由于纯粹分配而起老茧。

我的眼睛，看到乞求者的羞耻，不再溢出眼泪；我的手，感到获取满满的手的颤抖，变得硬邦邦。

我的眼睛里的眼泪，我心脏上的软毛，都到哪里去了？哦，一切赠予者的孤独！哦，一切光照者的沉默！

许多太阳在荒寂的空间里旋转：它们用它们的光向一切黑暗的万物说话——它们对我却默默无言。

哦，这是光对光照者包藏的敌意，它无情地继续走它的行程。

在深心中对光照者的不公平，对许多太阳的冷酷——每个太阳就这样运行。

许多太阳像一阵暴风，在它们的轨道上飞行，这就是它们的运行。它们遵循它们的无情的意志，这就是它们的冷酷。

哦，你们黑暗的，你们夜晚的，只有你们才是从光照者摄取温暖！哦，只有你们才从光的乳房上吸啜奶汁和活力！

唉，我的周围全是冰，我的手在冰冷上面发烫了！唉，我心中有一种焦渴，它渴望你们的焦渴！

夜来了：唉，我竟不得不做光！渴望夜晚的一切！而且孤独！

夜来了：现在，像泉水一样从我心里涌出了热望——我渴望说话。

夜来了：现在一切跳跃的喷泉都更加高声地说话。而我的灵魂也是一注跳跃的喷泉。

夜来了：现在一切热爱者之歌苏醒过来。而我的灵魂也是一个热爱者之歌。[1]

从来没有人写出过这些东西，也没有人感受、遭遇过它们：只有一个神，只有狄奥尼索斯经历过这些。对太阳在光明中的孤独感的酒神赞歌的回答，就是阿里阿德涅[2]……除了我之外，有谁知道阿里阿德涅是什么人呢？迄今为止，还没有人能回答这些谜

1　出自《查拉图斯特拉如是说》（生活·读书·新知三联书店，2007年版）第二部，"夜歌"。

2　阿里阿德涅（Ariadne），希腊神话中弥诺斯和帕西法尔的女儿，曾给忒修斯一个线团，帮助他逃离了迷宫。

题，我甚至怀疑是否有人曾看到过这些谜题。有一天查拉图斯特拉严格地确定了自己的使命——那也是我的使命。可不要误解了它的意思，它对一切辩护、对一切过去之物的拯救都予以肯定。

我行走在未来的残缺不全的世人中间：我预见的那个未来的残缺不全的世人中间。

把这些残缺不全、哑谜和可怕的偶然收集起来，合成一体，这就是我努力要做的一切。

如果人不是创作者、也不是猜谜语者和偶然之拯救者，那么，要我做人，我怎么受得了呢？

拯救过去，把一切"过去式如此"变为"我要它如此的！"——这个我才称之为拯救！[1]

在文章的另一段，他严格地定义了"人"对于他来说到底是什么——既不是爱的对象，也不是同情的

1　出自《查拉图斯特拉如是说》（生活·读书·新知三联书店，2007年版）第二部，"拯救"。

对象——查拉图斯特拉已经克服了他对人类的厌恶：人对于他来说，就是一种未定型的、未经加工的素材和需要雕琢的怪石。

不再有意志，不再作出评价，不再进行创造！啊，让这种大大的倦怠永远离开我吧！

即使在认识过程中，我所感到的也只是我的意志的生殖欲和生成欲；如果在我的认识中还有什么纯洁无瑕，那是因为在其中有着要求生殖的意志。

这种意志引诱我离开神和群神；还有什么可创造的哩，如果有群神——存在！

可是我的热烈的创造意志，它总是把我驱往世人那里去；就跟它把艺术家的锤子驱向石材的情况相似。

啊，你们世人，我觉得在石头里沉睡着一个形象，我所想象的许多形象中的一个形象！啊，它一定沉睡在最坚硬、最丑陋的石头里！

现在，我的锤子对着这个形象的牢墙残酷地乱敲。碎石从石头上向四面飞散：我对此何须介意？

我要完成这项工作：因为我曾看到一个影子向我走来——万物之中最宁静的、最轻松的，曾走向我的面前！

超人之美曾以影子的姿态向我走来。啊，我的弟兄们！我还关心什么——群神哩！——[1]

我要强调最后一个观点，上文的斜体字部分阐释了我这么做的理由。对狄奥尼索斯式的使命来说，需要锤子的坚硬，它的一个必要先决条件无疑就是毁灭的快乐。"坚硬起来吧！"这个命令式和"创造者是坚硬的"这个坚定的信念，正是狄奥尼索斯本性中独特的标志。

1　出自《查拉图斯特拉如是说》（生活·读书·新知三联书店，2007年版）第二部，"在幸福的岛屿上"。

善恶的彼岸

未来哲学的序曲

[1]

我未来几年的工作任务已经预先描述得相当明确了。我的使命中肯定的部分已经完成了，接下来轮到否定的部分了，语言和行动上都是如此：重估迄今为止的一切价值，这是一场伟大的战争——它召唤着一切挣扎将要面临最终命运的那一天。与此同时，我慢慢地环顾四周以寻找同道中人，寻找那些非常强大而能帮助我从事毁灭性工作的人。从那时起，我的作品就像鱼饵一样：没准儿我就像了解钓鱼那样了解绝大多数的人。要是什么都没捕捉到，那也不是我的错，而是因为根本无鱼可钓。

[2]

从根本上来讲，这本书（1886年）是对现代性的批判，包括对现代科学、现代艺术甚至现代政治的批判，它同时提出了与现代人正好相反的，或者说与现代人完全不同类型的人，一种高贵而富于肯定精神的人。从后一种意义上来说，这本书是上等人的读物——这里的"上等人"概念要比以往更加具有精神性，更加激进。这个时代引以为豪的一切东西，比如有名的"客观性"、"对全体受苦者的同情"、对异己审美卑躬屈膝和对细枝末节点头哈腰的"历史感"，以及对科学的愤怒，都与我上面所说的那种人相矛盾，都被视作粗野无礼。如果你联想到这本书是在《查拉图斯特拉如是说》之后写成的，就应该能猜想到它是产生于哪一个饮食系统。由于巨大的强制力而习惯了远视的眼睛——查拉图斯特拉甚至比沙皇更加远视——现在必须敏锐地关注手边的、当下的、在他周遭的一切事物。在这本书所有警句尤其是在形式中，读者会发现用以塑造查拉图斯特拉伟大形象的那些本能同样被任意改变。它明显的特征是精炼的形式、明确的意图和保持沉默的良好技巧。心理问题遭到了强硬而冷酷的对待——整本书连一个温和的字眼都没有……这些东西使我重新振奋起来。谁能想象到创造出查拉图斯特拉那样伟大的人物耗费巨大的精力之后，怎样才能恢复呢？从神学角度来讲——请注意一下，因为我极少以神学家的身份来讲话——上帝在结束了他的伟大工作之后，像蛇一样盘卧在知识大树的脚下。他就是这样从当上帝所消耗的精力中恢复了过来……他把一切都创造得太过完美了……魔鬼只是他在第七天偷闲时的产物。

道德的谱系

一本论战的著作

组成《道德的谱系》的三篇文章，就表达形式、写作意图和出人意料的写作技巧来说，可能是迄今为止最为奇特的一本书了。众所周知，狄奥尼索斯也是黑暗之神。每篇文章的开头都神秘难解，沉着、科学，甚至还有些冷嘲热讽，故意摆出高姿态却欲言又止。渐渐地，平静被打破了，时不时有闪电划过，十分令人不快的真理带着沉闷的隆隆声从远处滚滚而来——终于达到了一种极速，一切事物都以巨大的张力向前奔逐。每一次到了最后，在骇人的霹雳声中，一种全新的真理从厚重的云层中放出光芒。第一篇文章的真理是基督教的心理学：基督教根源于怨恨精神，而不是人们所认为的"精神"——就其本质来说，它是反动的，是针对一切崇高价值统治的大暴动。第二篇文章讲的是良知的心理学：这不是"人们心中的上帝之音"——它是残暴的本能，当无法向外宣泄时，就掉头转向自己。在这里，残暴作为文化根基中最古老、最不可或缺的一种因素，首次得以昭示。第三篇文章意在回答禁欲主义理想和教士理想的巨大力量来自哪里，尽管这种理想本质上是有害的，是虚无、堕落的意志。答案是：它之所以盛行，并不是像人们普遍相信的那样，因为有上帝在教士的背后坐镇，它只是一种不得已而求其次的选择——因为它是迄今为止唯一的理想，没有什么可与之匹敌。"人们宁愿期望虚无缥缈的东西，这总比什么期望都没有要好。"主要是在查拉图斯特拉出现之前，缺少一种对立的理想。你们应该已经明白我的意思了。这其实就是一位心理学家为重估一切价值而作的三篇决定性序曲——这本书首次剖析了教士的心理状态。

偶像的黄昏

如何用锤子讨论哲学

[1]

这本不到 150 页的书，笔触轻松而不失分量，就像一个在狞笑的恶魔。它的创作只用了短短几天，短到我甚至不愿意说出具体的天数。这本书可谓独树一帜，没有哪本书比它更富有实质性的内容，更卓然独立，更具颠覆性，更具有恶意。如果有人想要快速了解在我之前万物是如何头足倒置的，那他应该从这本书开始读起。扉页上所说的"偶像"，不过就是一向被称作真理的那些东西。偶像的黄昏，用简单的英语来说，就是陈旧的真理行将灭亡。

[2]

没有任何现实性和"理想性"是这本书没有触及（触及，一个多么谨慎委婉的用语！）到的。不光是那些永恒的偶像，还有那些最年轻也最衰老的偶像，比如：现代观念。一阵强风吹过树林，果实——真理四散而落。这本书挥霍了太多丰收的秋天：你行走时被满地的真理绊倒，你甚至踩死了几个真理，因为它们实在是太多了。然而握在手中的那些东西，人们已经无须再质疑，因为那就是最终的决断。唯有我掌握着"真理"的标准，唯有我可以做出判断。仿佛我身上生出了第二种意识，仿佛我的"生命意志"投射出一道光芒，照亮了它一直在走的下行之路。这条下行之路——人们往往称之为通往"真理"之路。所有模糊的冲动——"晦暗和焦虑"都已经结束了，"善良的人"至少已经意识到了正确的道路。严格地讲，在我之前没有人知道什么是正确的道路，什么是向上的道路：从我开始，人们才再次找到了希望、使命和通往文化的道路——我就是传来文化喜讯的信使……正因为如此，我也是命运。

[3]

这部著作完成之后，我一天都没耽搁，就怀着一种无与伦比的自豪感开始了重估一切价值的工作，我每时每刻都很确信自己的不朽，满怀对命运的深信不疑的心态，我一字一句书写着自己的历史。前言部分写于1888年9月3日，写完以后我就去户外了。那是我在上恩加丁度过的最美好的一个早上——天朗气清，色彩斑斓，北方的冰雪与南方的和煦交错相融，别有一番韵味。由于洪水的阻隔，我直到9月20日才离开锡尔斯-玛利亚，最后我竟然成了这美妙地方的唯一访客，我的感激之情为此处冠以不朽的盛名。在经历了一段充满意外事件，甚至发生生命危险（我深夜到达科莫[1]时，遇到了洪水灾害）的旅途之后，我终于在9月21日下午抵达都灵。都灵是最适合我的地方，从那以后我就定居在这里。我又住进了春天住过的那个房子，即卡洛·阿尔贝托大街6111号，对面是宏伟的卡里尼亚诺宫，维多利奥·伊曼纽[2]便

1　科莫（Como），位于意大利境内，与瑞士接壤。
2　维多利奥·伊曼纽（Vittorio Emanuele，1820—1878），意大利统一后的第一个国王。

诞生于此。从我的房间可以看到卡洛·阿尔贝托广场，越过广场可以望见远处起伏的丘陵地带。没有丝毫迟疑，也没有片刻松懈，我就立即投入了写作，还有最后四分之一需要完成。终于在9月30日大功告成，那一天我就像创世第七天的上帝一样，沿着波河尽情漫步。同一天，我还写完了《偶像的黄昏》的序言，并且在九月休养时完成了初稿的校对。我从未经历过这样美妙的秋天，也从未设想过能完成这样奇异的作品——如同克罗德·洛林[1]的画作那样引人无限遐思，每一天都无限美好。

1　克罗德·洛林（Claude Lorrain，1600—1682），法国巴洛克时期的风景画家，卒于意大利。

瓦格纳事件

一个音乐家的问题

[1]

为了公正地对待这篇文章，人们必须像忍受一道未愈的伤口一样来忍受音乐的命运。当我忍受音乐的命运时，我在忍受什么呢？就是忍受音乐已经丧失了其美化世界、肯定世界的本性——它已经成了颓废之音而不再是狄奥尼索斯的笛声了。要是一个人觉得音乐的命运就如同他自己的命运，两者乐忧相关，他就会发现这本书笔触极为温和，而且处处思虑周全。在此类情况下表现出明快之感，进行善意的自我嘲弄——在实话实说可以为严酷性辩护的地方，笑着说出严肃的话——就是人道本身。有谁不相信我作为一个老炮手会把自己的重型炮管对准瓦格纳吗？这个问题中决定性的东西，我没有告诉任何人——我曾经热爱过瓦格纳。毕竟，抨击那些其他人不易察觉的、精明敏锐的"无名之辈",正是我使命的意义和道路所在。噢,除了音乐界的卡里奥斯特罗[1]之外,我还要揭露很多其他的"无名之辈"。首先,我要抨击德意志民族,它在精神上日益懒散,在本能上日益贫乏,并且有一个令人羡慕的好胃口,它以矛盾的东西为食,把"信仰"连同科学,基督教的博爱连同反犹主义,权力意志(建立"帝国"的意志)和卑贱者的福音书,一股脑儿地吞下去,却没有任何消化不良的迹象。在这些对立物之中,它没有选择任何一边!好一个中立的胃口和不偏不倚!看德国人的味觉多么有正义感,对所有东西都一视同仁,觉得一切东西都美味可口!

毫无疑问,德国人都是唯心主义者。当我最后一次访问德国时,我发现德国的审美力正在赋予瓦格纳和塞京根的吹鼓手以平等的地位。我自己曾亲睹莱比锡人为了纪念一位真正的德国音乐家——我是在古老的意义上使用"德国"——不单单在德意志帝国意义

---

1 卡里奥斯特罗(Cagliostro,1743—1795),意大利冒险家和炼金术士。

上，海因里希·舒茨大师建立了李斯特协会，以便培育和传播巧妙的教会音乐。毫无疑问，德国人都是唯心主义者。

[2]

在这里，没有什么可以阻碍我冒昧地对德国人讲一两句不中听的大实话：要是我不说的话，还有谁会说呢？我要指出他们在历史问题上的混乱。德国人彻底丧失了把握文化进程与价值的广阔视野，他们个个是政治（或者教会）的附庸，更过分的是，他们甚至不允许这种广阔视野的存在。一个人必须得先是"德意志的"，必须得先属于这个"种族"，然后他才能对历史上的价值和非价值做出判断，他才能把它们确定下来……"德意志的"本身是一个论据，"德国，德国高于一切"是一个原则，日耳曼人则是历史上的"道德世界秩序"。与罗马帝国相比，它是自由的拥护者；与18世纪相比，它是道德和"绝对命令"的复兴者。有一种德意志帝国的历史编纂学，恐怕还有一种反犹主义的历史编纂学，以及一种宫廷历史编纂学，冯·特赖奇克先生真是不知羞耻啊。最近，已故的施瓦本美学家费舍[1]关于历史的一个愚蠢的见解被德国报刊界争相刊载，仿佛已经成了人人赞同的"真理"，这句话就是："文艺复兴和宗教改革合起来才能形成一个整体——美学的再生和道德的再生。"我对这种言论毫无耐心，我甚至觉得我有责任告诉德国人他们都犯下了什么罪行。过去四百年来他们对文化所犯下的每一项重大罪行……总是出于同样的一些理由，出于他们面对现实时无尽的恐慌，出于他们面对真理时深深的怯懦，出于他们对虚伪的热爱，虚伪几乎已经成了他们的本性——简而言之，就是出于"唯心主义"。正是德国人使欧洲失去了果实，失去了最后一个伟大时代——文艺复兴时代的全部意义。那时，更高的价值秩序，崇高的、肯定生命和担保未来的价值战胜了与其相反的那些堕落的、基督教的价

1　弗里德里希·特奥多尔·费舍（Friedrich Theodor Vischer，1807—1887），德国诗人、美学家。

值，并且深入人心。然而路德[1]这个可恶的教士，在基督教垂死之际他不仅重建了教堂，更糟糕的是还恢复了基督教教义。否定生存意志的基督教竟然也上升而为宗教了！路德是一位不可思议的教士，由于这种"不可思议性"，他先是攻击基督教，后来却又重建它。天主教徒们倒确实有理由庆祝路德节，创作路德的戏剧。路德和"道德的再生"！让所有的心理学家都见鬼去吧！毫无疑问，德国人都是唯心主义者。有两回，德国人凭借惊人的勇气和自制获得了一种正直、明确而又十分科学的思维方式，他们发现了回到旧"理想"的道路，在真理与"理想"之间寻求折中之法，这不过是为拒斥科学、奉行虚伪找借口。莱布尼茨[2]和康德[3]，这两个人是欧洲实现理智诚实的最大障碍！最后，在横跨两个颓废世纪的桥梁上出现了一股兼具天才与意志的超强的力量，它强大到足以使欧

1　路德（Luther，1483—1546），德国宗教改革的发起者。

2　莱布尼茨（Leibniz，1646—1716），德国哲学家和数学家。

3　康德（Kant，1724—1804），德国古典哲学的创始人，代表作《纯粹理性批判》《实践理性批判》和《判断力批判》。

洲结合成为一个政治和经济的统一体，并且以统治世界为目的，德国人以其独立战争使拿破仑倾尽一生在欧洲创造的巨大奇迹黯然失色。因此他们就应该对所引发出来的、今天仍然存在的一系列后果负责，比如极端反文化的病态和非理性、民族主义（欧洲深受这种民族神经官能症的困扰）、欧洲长久以来国家渺小、政治细碎的状况：他们使欧洲丧失了意义和理性，并且把它带进了一条死胡同。除了我以外，还有谁知道走出这条死胡同的路吗？除了我以外，还有谁知道一项足以把全欧洲人重新联合起来的使命吗？

[3]

那么，我为什么不表达出我的疑虑呢？我看，德国人为了生出一只小老鼠，不惜大费周章。到目前为止，他们一直对我有所退让；我不知道将来他们是否能做得更好一些。啊！要是我的预言落空该有多好啊！我的读者和听众通常是俄罗斯人、斯堪的纳维亚人和法国人——他们会一直如此吗？在知识的历史上记载的德国人，都是一些不无争议的名字，德国盛产这种"无意识的"骗子（这个称呼适用于费希特[1]、谢林[2]、叔本华、黑格尔和施莱尔马赫[3]，也适用于康德和莱布尼茨，他们不过是一些面纱制造者）。四千年来，在精神中真理总是胜过欺骗，尽管这种精神与德国精神具有一致性，德国人也绝不应该享有精神史上第一个正直精神的美誉。"德国精神"对我来说就是污浊的空气，待在这种心理不洁已成本能的人身边，我就觉得喘不过气来——德国人所有的言语和神情都透露出这种不洁。他们从来没有像法国人那样经历过17世纪严酷的自我考验，拉罗什富科[4]、笛卡尔[5]，都要比最优秀的德国人正直一千倍，德国直到今天还没有出现过一个心理学家。然而心理学几乎算得上是判断

1　费希特（Fichte，1762—1814），德国古典哲学代表人物，主观唯心主义者。

2　谢林（Shelling，1775—1854），德国古典哲学代表人物，客观唯心主义者。

3　施莱尔马赫（Schleiermacher，1768—1834），德国哲学家和神学家。

4　拉罗什富科（Rochefoucauld，1615—1680），法国作家。

5　笛卡尔（Descartes，1596—1650），法国数学家、科学家和二元论主义哲学家。

一个种族洁净或者不洁净的标准……一个人如果不洁，他又怎么会有深度呢？德国人就像女人一样，你无法测量他们的深度——因为他们根本就没有任何深度，就是这样，他们甚至连肤浅都算不上。在德国，所谓"深刻"就是自身本能的不洁，我已经说过了：人们出于自己的本性而拒斥洁净。我可以建议把"德国的"当作这种腐化心理的国际代名词吗？比如，眼下德国皇帝宣布解放非洲奴隶是他的基督教义务；在我们欧洲人之间，就可以把这种做法简称为"德国的"……德国人曾创作过任何一本有深度的书吗？他们甚至连一本书是怎样构成的都不知道。我认识一些学者，他们认为康德很有深度；在普鲁士宫廷，人们觉得冯·特赖奇克先生有深度。当碰巧遇到一些德国大学教授时，我向他们称赞司汤达是一位非常深刻的心理学家，他们却让我大声拼出他的名字。

[4]

我为什么不把怀疑进行到底呢？我喜欢净化这种

污浊的空气。成为德国人的蔑视者，这甚至是我追求的目标。我26岁的时候就表达了自己对德意志性格的怀疑（参看《不合时宜的考察》第二卷），我是不可能接受德国人的。当我设想本性与我完全相反的人时，我总是自然而然地想到德国人。我开始考察一个人的时候，首先要看他是否有距离感，他是否时刻注意到人与人之间身份、等级和地位的差别，他是否卓尔不凡，因为这些正是评判贵族的标准，否则他就只能归为那些和善的温良人了啊！他将永远保持温顺，永远是下等人！德国人都是下等人！他们是如此温顺！和德国人打交道实际上是在自降身份：德国人把一切人都拉平为同一个高度。除了与极少的几位艺术家（主要是瓦格纳）的交往之外，我与其他德国人的相处都不怎么愉快。假如数千年来最深刻的精神真得出现在德国人中间，那么朱庇特神庙里的救世主也会宣称，他那十分丑陋的灵魂也同样十分伟大。我再也不能忍受这个种族了，人们永远没办法和它好好相处。它从来不懂得什么是微妙的差异，真不幸啊，我恰恰是这种微妙的差异——它的脚下没有任何精神，甚至都不能行走！德国人根本就没有脚，他们只有腿。德国人丝毫不知道自己有多么粗鄙，单是这一点就够粗鄙的了——他们从来不为自己身为德国人而感到羞耻。他们到处发表意见，并且自认为可以决断所有事情，恐怕他们对我也早有论断。我的一生本质上就是对这种观点的证明。我徒然在他们身上寻找任何对我彬彬有礼的迹象。在犹太人那里，我受到了应有的礼遇，可是在德国人这里却没有。我的本性是温和友好地对待每一个人，我可以做到不加区别地对待，但这并不妨碍我睁大眼睛。我从来不把任何人当作例外，至少能够对我的朋友们一视同仁，我只希望这不会损害我在他们中的人道主义名声。有五六件事，我一向引以为荣。尽管事实上这么多年以来我收到的每一封信几乎都带有犬儒主义的意味，然而这些讥嘲更多是包含在对我的善意而不是对我的憎恶之中。我当着我朋友们的面，指出他们从未认为有必要花时间去研究我的作品；我从一些微小的迹象看出他们根本不知道我的书有何深意。谈到我的《查拉图斯特拉如是说》，除了看到一种毫无根据又无关紧要的狂妄之外，我的哪位朋友还看到更多的东西了呢？十年过去了，没有一个德国人觉得自己有义务从这荒唐的沉默中捍卫我被埋没的名字。第一个站出来捍卫我的是一个外国人——一个丹麦人，他在这个过程中展现了敏锐的本能和坚定的勇气，并且对我那些所谓的朋友大为愤慨。去年春天，布兰德斯[1]博士在哥本哈根举办讲座讲述了我的哲学思想，这再次证明了他是一位真正的心理学家，试问今天有哪一所德国大学能够举办这样的讲座呢？我从来没有因为这些事情而感到过痛苦，一切必然发生的事情都不会使我觉得困扰。热爱命运是我最内在的本性。然而，这并不妨碍我热爱嘲讽，甚至是那种世界历史性的嘲讽。就在具有霹雳一般杀伤力的《重估一切价值》震撼世界文明的前两年，我发表了《瓦格纳事件》。德国人又逮着机会开始大力

1　布兰德斯（Brandes，1842—1927），丹麦学者和评论家，曾大力宣扬尼采的学说。

诋毁我，他们妄图使自己的愚蠢永垂不朽，而且他们有大把的时间可以慢慢做这件事情。目的达到了吗？真是值得赞赏啊！我亲爱的日耳曼同胞！请允许我祝贺你们吧！

我为何是命运

我清楚自己的命运。总有一天，我的名字将会使人回忆起那些令人惊叹的事物——前所未有的巨大危机、对于最深的良知冲突的回忆，以及对所有被相信、被要求、被神圣化了的事物的宣判。我不是人类，而是甘油炸药。我身上没有任何东西表明我是一个宗教创始人，宗教是下层民众的事情。每次与信教的人接触之后，我都得好好清洗我的手……我不需要任何"信徒"，我心中充满了恶意以至于自己都无法相信自己。我从来不跟庸俗的群众说话。一想到有一天人们可能会把我当成圣人，我就感到无比恐慌。你们应该知道我为什么预先出版这本书——就是为了避免人们对我有所误解。我不想当圣人，我更愿意做一个小丑，或许我本来就是一个小丑。尽管如此或者尽管并非如此，我是真理的代言人，没有什么比圣人更

174

加虚伪了。我的真理是可怕的：因为人们一向把谎言当作真理。

重估一切价值，这就是我给人类开出的处方，是人们迈向实现其自身意义之路的最关键的一步——这早已变成了我的血肉与精神。我的命运决定了我要成为第一个正派的人，要与数千年来的虚伪相对立。我是第一个发现真理的人、第一个认识到虚伪之为虚伪的人，也就是说，我可以嗅出它们来，我的天赋存在于我的鼻孔中。我所反对的东西迄今为止没有人曾反对过，尽管如此我却是否定精神的反面。我是一个前所未有的快乐使者。我发现了至高无上的伟大使命，在我之前人们对此毫无概念。直到我出现以后，人类才又重获希望。因此，我必然要担负起某种宿命。当真理与千百年来的虚伪相抗衡时，无法想象的剧变必定接踵而来，大地猛烈地震颤，高峰与低谷移换位置。"政治"这个概念完全上升为精神层面的战争，旧社会秩序下的一切权力王国都将分崩离析——因为它们都建立在虚伪的基础上：一定会发生战争，会发生地球上前所未有的战争。从我开始，世界上才有伟大的政治。

[2]

如果你想要探寻人类命运的表达式，便可以在我的《查拉图斯特拉如是说》中找到答案。

在善与恶方面必须做个创造者的人：确实，他首先必须做个破坏者，打破各种价值。

因此，最高的恶属于最高的善：而这最高的善乃是创造性的。——[1]

我是有史以来最可怕的人，但这并不妨碍我成为最具善心的人。我在一定程度上了解毁灭的快乐，它与我的毁灭力相称。在这两种情况下，我都遵循自己的狄奥尼索斯本性，这种本性不知道如何区分肯定的意志和消极的行为。我是第一个非道德论者，在此意

1　出自《查拉图斯特拉如是说》(生活·读书·新知三联书店，2007年版)第二部，"超越自己"。

义上必然也是一个毁灭者。

［3］

没有人曾问过我，然而他们本应该问一问在我这第一个非道德论者的口中，查拉图斯特拉的名字到底意味着什么。使这个波斯人与以往所有人不同的原因在于，他恰恰是非道德论者的反面。查拉图斯特拉最先在善与恶的斗争中看到了万物运转的真正车轮，他的工作就是把道德性的东西转化到形而上学的领域中去，把它们作为力、原因和目的。但是这个问题本身已经预示了自己的答案。查拉图斯特拉创造出了这个最严重的错误——道德，那么他就应该第一个站出来揭露它。不仅是因为他在这方面的经验比其他思想家更长久、更丰富——整个历史实际上都是对所谓"道德世界秩序"原理的经验性反驳——更主要的是因为查拉图斯特拉比任何一个思想家都更诚实。他的教义也唯有他的教义，把诚实视为最高的美德——也就是说，与唯心主义者的胆怯正好相反，后者一遇到现实就逃跑。查拉图斯特拉具有的勇气比其余所有思想家加起来还要多。敢讲真话和一语中的，这是波斯人首要的美德。你们明白我的意思了吗？道德的自我克服是出于真诚，道德论者的自我克服是因为它的对立面——也就是我。这就是我口中查拉图斯特拉这个名字的含义。

[4]

事实上，我所说的"非道德论者"一词包含着两重否定。我首先否定的是迄今为止被视为最高尚者的那些人，那些善良、亲切、宽厚的人。另外，我否定那种被夸大为道德本身的道德，我指的是那种颓废的道德，不恰当地说就是基督教道德。我认为第二重否定更为关键，因为就整体来看，对善良和亲切的高估已经算是颓废的结果和虚弱的征兆了，它与上升和肯定的生命水火不容。否定和毁灭与肯定生命的态度密不可分。我们来谈谈善良者的心理问题吧。为了评估某一类人的价值，就要计算他维持生存所需的成本，就要了解他赖以生存的条件。善良人的生存条件就是虚伪：或者换句话说，无论如何都不想看到现实情况究竟是什么样的。拒绝认清现实不是为了时常刺激有益的本能，更不是为了容忍那些愚昧而好心肠的人随时来干预。把各种形式的痛苦都看作是生命的阻碍，看作某种必须被消除的东西，这种做法愚蠢至极。一般来说，这是最具危害性的那种愚蠢，是致命的愚蠢——其疯狂程度不亚于因为同情穷人的境遇而强行取消恶劣的天气。在世界总体经济学中，现实的可怕性（存在于激情、欲望和权力意志之中）要远远比那种被称为"善"的微小幸福更具有必然性。由于这种"善"是建立在本能的虚伪性之上的，人们必须非常宽容才会给它留出一席之地。我实在应该指出乐观主义的信条（它是乐观之人的可怕产物）对整个历史造成了怎样巨大的灾难性影响。查拉图斯特拉第一个认识到乐观主义者和悲观主义者一样堕落，甚至可能危害更大。查拉图斯特拉说："善人们从不说真话。善人教给你们的是虚妄的海岸和虚妄的安全；你们是在善人的谎言里出生而接受庇护的。一切都受到善人们的彻底欺骗和歪曲。"[1]幸运的是，世界并不是仅仅建立在本能之上的，即温顺的群居动物寻求微不足道的幸福的那种本能。要是想让所有人都变成"善良的人""群居动物""蓝眼睛乐善好施的美丽心灵"，或者像赫伯特·斯宾塞[2]希望的那样，让所有人都变成无私的生物，这无异于剥夺生命最伟大的特性，无异于阉割人类，并且最终把全人类都变成中国式的可怜家伙。事实上已经有人这么做过了！这正是人们称之为道德的那个东西。在此意义上，查拉图斯特拉有时把"善人"称为"末人"，有时把他们称为"完结的开始"。他认为"善人"是最有害的一类人，因为他们的生存以牺牲真理、牺牲未来为代价。

　　因为善人——他们不能创造：他们永远是结尾之

1　引号部分出自《查拉图斯特拉如是说》（生活·读书·新知三联书店，2007年版）第三部，"古老的法板和新的法版"第28节。

2　赫伯特·斯宾塞（Herbert Spencer，1820—1903），英国社会学家、社会进化论的代表，著有《社会静力学》等。

开头——

——他们把那种在新的法版上写下新的价值观的人钉在十字架上，他们为了自己而牺牲未来——他们把一切人类的未来钉在十字架上！

善人——他们永远是结尾之开头。——

不管诽谤世界者能造成什么伤害：善人造成的伤害乃是最有害的伤害。[1]

[5]

查拉图斯特拉是善良人的第一位心理学家，他也因此成了恶人的朋友。如果一个颓废等级的人成功上升到了人类的最高等级，那么他一定是牺牲了与他相反类型的人——也就是强大而肯定生命的人。当群居动物全都沐浴在至纯美德的神圣光芒之中时，特立独行的人就会被贬低为恶人。如果虚伪一口咬定唯有自己才代表"真理"，真正诚实的人就会遭到鄙视。查

1　出自《查拉图斯特拉如是说》（生活·读书·新知三联书店，2007年版）第三部，"古老的法板和新的法版"第26节。

拉图斯特拉在这里有非常明确的表述，他说正是认识了那些"善良的人""最好的人"，才使他对人类感到恐惧。这种厌恶的情感令他生出了羽翼，"飞向遥远的未来"。他毫不讳言自己相对来说属于超人的类型——与所谓的"善良"人正好相反，而且那些自诩善良和正直的人还会把他这样的超人视为恶人。

你们这些高人啊！我对你们充满疑惑及秘密的笑，我猜想你们仍会喊我的超人为魔鬼！

你们的灵魂对于伟大之物太陌生了，你们会觉得善良的超人也是可怕的！[1]

就是从这里，人们开始了解查拉图斯特拉的真实意图是什么——他设想出了一类非常强大的人，这些人能够如其所是地看待现实——他们既不会疏远现实也不会脱离现实，他们本身就是现实，他们的天性中

1　出自《查拉图斯特拉如是说》(北京大学，2007 年版) 第三部，"人的审慎"。生活·读书·新知三联书店版的《查理图斯特拉如是说》没有收录此部分内容。

含有对现实的所有恐怖和疑惑：唯其如此，人类才堪
称伟大。

[6]

然而，选择非道德论者一词作为我的称谓和荣誉
徽章，我还有另外一层考虑。拥有这个名字，我感到
非常自豪，它使我超然卓绝于全人类。直到现在，还
没有人发现基督教道德是低于他自己的。为了发现这
一点，人们需要达到前所未有的高度，前所未有的辽
阔视野以及前所未有的心理深度。基督教道德一向是
思想家们的喀耳刻——他们愿意为她效劳。在我之
前，有谁走进过散发着理想（诽谤世界的理想）的毒
气的地下洞穴呢？有谁敢把它们设想为地下洞穴呢？
在我之前，哲学家中有谁是心理学家呢？有谁不是心
理学家的对头，不是"超级大骗子"和"唯心主义
者"呢？在我之前，根本就没有心理学。成为第一位
心理学家可能意味着面临灾祸，无论如何，这似乎是
一种命运：因为凡是第一个做什么事情的人都会首先

看不起人。我的危险就在于厌恶人。

[7]

你们明白我的意思了吗？能够界定我的东西，使我与其他人截然不同的东西就是我揭开了基督教道德的面纱。出于这个原因，我需要一个足以挑战所有人的称谓。先前没有意识到这些问题就是人类所犯下的最大的不洁：没有意识到自我欺骗已经变成了人类的本能，没有意识到无视一切现象、因果和现实的根本意志，也没有意识到心理学上产生的近乎犯罪的欺骗。盲目信奉基督教是最严重的罪行，因为这是对生命犯下的罪孽。除去历史上的五六个例外（我自己是第七个例外），各个时代各个民族的人、先驱者以及后来人，哲学家和老妇人，在这方面所有人都大同小异。基督教徒一直是"有道德的人"，是无与伦比的珍稀物种；而作为"有道德的人"，他比最蔑视人类的人所设想的还要更加荒唐、更加虚荣、更加自私、更加有害于自身。基督教道德是所有腐化人性的形式中最为恶毒的：因为它使人类走向堕落。在这个情景中，使我大为恼火的不是错误之为错误，不是在基督教大获全胜之时暴露出的持续了数千年的缺失，即精神层面缺乏"善的意志"、缺乏培育、缺乏礼节、缺乏勇气，而是缺乏自然。我气愤的是一切反自然的东西作为道德、作为法则享有极高的荣誉，并且被奉为绝对命令而高悬于人类之上。这样看来，它不是个人的迷误，也不是民族的迷误，而是整个人类的迷误！基督教道德教唆人类蔑视生命的所有重要本能，为了糟践肉体而虚构出"灵魂"和"精神"，宣扬生命的先决条件即性行为是不洁的，在成长与发展的必要条件也就是自私自利（这个说法本身就带有诽谤意味）中寻找恶的原则。反过来却在衰败的典型标志中、在本能的敌对状态中、在"无私"中、在丧失镇重物的情况下、在"压抑个性的环境"中、在"博爱"（博爱癖！）中寻求更高的道德价值——我所指的是什么呢？——就是道德价值本身。这是怎么了！难道人类已经处于颓废状态之中了吗？人类一直是这种状态吗？可以确定的是，颓废的价值正被当作最高的价值教导人类。自我否定的道德在本质上是堕落的道德，事实上，"我在走向毁灭"已经被转换为命令式"你们都要走向毁灭"——而且不仅仅只是转换为命令式而已。

这种自我否定的道德正是迄今为止被传授的唯一道德，它流露出虚无的意志——从根本上否定生命。还有一种可能性就是并非整个人类都处于颓废状态之中，颓废的只有那些寄生虫式的人，也就是教士，他们利用道德和谎言爬上了价值决定者的位置，把基督教道德作为自己攫取权力的手段。老实说，我的看法是人类的导师和领袖——也包括那些神学家——全都是颓废者：所以他们把重估一切价值看成是对生命的敌视，所以就产生了道德。道德的定义：道德是颓废者的特质，它的本意是卓有成效地报复生命。我认为这个定义很有价值。

[8]

你们明白我的意思了吗？我现在说的每一句话，

早在五年前就已经借查拉图斯特拉之口说过了。揭开基督教道德的面具，这在历史上是无可比拟的大事，是一场真正的灾难。谁阐明了这一点，谁就是强者，谁就是命运。他把人类的历史截为两段，即时间上在他之前和时间上在他之后的。真理的闪电竟直接击中了那些向来耸立在最高处的事物：知道哪些东西将会被那道闪电摧毁的人，可以看一看自己的手中是否还剩下一些什么。过去曾经被称为真理的那些东西，如今成了最有害、最恶毒、最见不得人的生命形式。"改良"人类这个神圣的借口，其实不过是想要吸干人精血的诡计。道德就是吸血鬼……谁揭开了道德的面具，他就会发现人类现在和过去所信仰的一切都毫无价值。他在那些备受尊重甚至被奉为圣人的人身上，再也找不到任何值得敬畏的东西；他在其中只看到了致命的畸形，之所以说是致命的，是因为它们蛊惑人心。发明"上帝"这个概念是为了与生命相对立——一切对生命有害的、有毒的、诽谤性的和怀揣着致死敌意的东西，都汇总到了上帝这个统一体当中。发明"彼岸"和"真实世界"的概念，是为了贬低唯一存在的这个世界——为了不给尘世的现实留下任何目标、意义和使命。发明"灵魂""精神"最后甚至还有"不朽的灵魂"概念，是为了蔑视身体，使它患病，使它变得"神圣"；是为了轻视生命中一切值得严肃对待的事物，比如饮食、居住、精神食粮、疾病治疗、清洁和天气等问题。不讲身体的健康，而讲"灵魂的拯救"——这可以说是一种介于痉挛、忏悔和赎罪的歇斯底里之间的循环性精神病(folie circulate)。发明"罪恶"概念以及隶属它的刑具即"自由意志"概念，是为了使我们的本能困惑、混乱，为了把对本能的怀疑变成人类的第二天性！在"无私"和"自我否定"概念中可以找到真正的颓废标志。它们使人被有害的事物引诱，看不到自身的用处，甚至把自我毁灭当成最高的品质，当成"义务""神圣"和人性中的"神性"。最后——最可怕的留到最后来说——在善良人的概念中，那些虚弱的、病态的、失败的、自虐的人，那些应该走向毁灭的人却受到了袒护。淘汰的法则被否定了，一种与骄傲、教养良好、肯定生命和未来相对立的，与能担保未来的人相对立的理想被产生出来——而这些人自此被称作恶人。所有这一切竟然都被信奉为道德了！——消灭这些害人的东西吧！

[9]

你们明白我的意思了吗？狄奥尼索斯是敌基督者。

歌词、警句及其他

忧郁颂

忧郁啊，请你不要责怪我，

我削尖我的鹅毛笔只为赞颂你，

我把头低垂到膝盖上，

像隐士一般坐在树墩上赞颂你。

你的目光时常拂过我，昨天也是如此，

使我如沐朝阳，那般和煦温暖，

饥饿的秃鹫幻想着满是腐肉的盛宴，

号叫着飞去了山谷的方向。

*

粗鄙的飞鸟，你弄错了，尽管我

像木乃伊一样在木桩上休息，

但你没看到我的眼睛，它还充满喜气

在转来转去，那样高傲而得意。

尽管它不能到达你所在的高处，

不能眺望遥远处云巅之上的绝壁，

它却因此而沉得更深，以便

把自身中命运的深渊照亮。

*

我就常常这样放任自己执拗地坐着，郁郁寡欢，

痛苦地弯曲着身体，像献祭的野蛮人，

而且我总是在惦念你，忧郁啊，

像个手捧《圣经》诗篇的忏悔者，尽管我年纪轻轻。

*

我就这样坐着，欣然看秃鹫盘旋，

静听雪崩雷轰的声音，

你对我说话时毫无世人的虚伪，

你的面色严厉，甚至有些可怕。

*

你这位天性狂野又冷峻的女神，

你身为女王的威严，既让我敬畏又让我平静，

你把空中的秃鹫指给我看，

还有那想要毁灭我的雪崩，

四周环绕着咬牙切齿的杀机，

和要强夺生命的惨烈折磨。

在陡峭严寒的悬崖上，

花儿们引诱、热切渴望着翩翩飞舞的蝴蝶。

*

我战战兢兢地意识到——这一切

受到诱惑的蝴蝶，孤独的花儿，

秃鹫和冰冻的瀑布，

咆哮的风暴——全部都是你力量的象征，——

庄严的女神，我对你深弯着身子，

把头垂到膝盖上，我唱起了赞歌，

我大声吼着可怕的赞歌

生命，生命，生命——永恒的渴望！

*

恶意的女神，请你不要责怪我，

我编造优美的诗句将你围绕，

你向谁展示可怕的面具，谁就发抖，

你向谁伸出恶意的右手，谁就战栗。

我在这里一边发抖，一边哼一首一首的歌，

我反复吟唱着，我所有的思绪伴随着韵律自由飞扬，

墨水在流动，削尖的鹅毛笔在挥写，

啊，女神，女神，让我——让我尽情斥责！

昨夜暴雨

阴郁的女神，

今天你化身雾蒙蒙的纱幕，

高悬于我的窗棂。

苍白的雪花纷纷扬扬，

涨水的溪流发出怒吼的声响。

*

啊！你这女巫，你凭借狂野而耀眼的电光，

凭借桀骜不驯的雷霆怒号，

凭借山谷的烟雾，

酿造出致人死命的毒酒。

*

我这几天深夜听见你那

狂喜与痛苦交加的吼叫声，

浑身瑟瑟发抖，

我看见你目光迥然有神，右手微微颤动，

猛然挥掷雷电的权杖。

*

我听见，

在离我沉闷的卧榻不远的地方，

有什么东西碎裂了，

你身着全副铠甲，步履铿锵，刀剑作响，

黄铜锁链重重地击打在我的窗框上，

接着是你威严的声音："听着！我是什么人！"

*

我是不朽的亚马孙人[1]，

我绝不胆怯、柔弱，

我在战场上叱咤风云，我轻视、厌恶男人，

我既是女中豪杰又是母老虎！

*

那些在我面前倒下的人，我把他们的尸体踩在脚下，

1　亚马孙人（Amazons），古希腊故事中居住在黑海边尚武善战的女战士一族。

我愤怒的双眼放射出火光，

我头脑里想的全是剧毒之物。快跪下拥戴我！

地上的蛆虫和鬼火——否则就腐烂、熄灭吧！

友谊赞（二首）

[1]

神圣的友谊，请屈尊来倾听我这首歌吧，

我们在友谊的荣光中歌唱它！

友谊的目光所及之处，

都充满欢声笑语。

走过来帮一帮我，

帮我到达你所凝视的美好黎明，

以神圣之手守护永恒青春的忠诚誓言。

[2]

清晨已然逝去：正午的太阳

发出强烈的光照，灼烧着我们的头颅，

让我们坐在凉亭底下，

歌唱友谊的赞歌。

友谊乃是生命中彤红的黎明，

和日落时分的晚霞。

漂泊者

一个漂泊者整夜前行，

他的步伐从容而坚定，

山谷蜿蜒，坡路陡长，

他摸索着前进，

夜色妙不可言：

然而他阔步向前，没有丝毫减缓，

不知道这条道路最终会通往哪里。

*

鸟儿在夜晚唱起了歌，

"噢，鸟儿啊，你为什么要这样，

你深深迷住了我的感觉和双脚，

把这甜蜜又令人苦恼的歌声

灌进了我的耳朵——使我不得不

仔细倾听，

你为什么用如此迷人的旋律引诱我？"

*

好鸟儿停止歌唱而答问：

"我引诱的不是你——不，你错了——

我的这些啭鸣

引诱的是山上的雌鸟——

我也并未注意到你的困境。

对于我来说，夜色并不美丽。

对你来说是怎样呢？你这个必须前行的人，

继续向前吧，不要在这里停下脚步。

*

你为什么还站在这里？

我的鸣叫声和你有什么关系，

你这可怜的漂泊者？"

好鸟儿默默陷入了沉思，

"我的鸣叫声是如何改变了他的情境呢？

为什么他还站在这里？

他这个不幸的，不幸的，漂泊者。"

致冰川

在正午时分，当盛夏开始爬到群山之上时，

夏天，这位少年的眼神热烈而疲倦，

他在说着什么话，

可是我们只看到他在说话。

*

他呼吸困难，像是重病之人

发高烧时卧床的喘息。

冰川、枞树和山泉

都向他回话

——可是我们也只看到它们回话。

湍急的溪流比平常更快地从岩石上跳下，

就像在向他致意，

仿佛颤抖的白色圆柱，

心中充满无限渴求。

枞树露出比以往更加深沉、更加诚挚的目光。

在冰层和冷灰色岩石之间，

忽然放出一道亮光——

我曾经见过这种亮光，我明白它的意思。

*

就连死人的眼睛

也会再一次回光返照，

当他的孩子满怀悲痛地

拥抱他，亲吻他：

这时，光焰必定会再次冒出来，

流溢进生命里

死气沉沉的眼睛会说道："我的孩子！

啊，孩子，你知道我是真的爱你！"

*

万物都在闪耀和诉说——冰川在诉说，

溪流在诉说，枞树也在诉说，

他们用真诚的目光说着同样的话：

我们真的很爱你，

啊，孩子，你知道我们很爱你，很爱很爱你!

*

于是，夏天，

这个眼神热烈而疲倦的少年，

尽管悲痛，憔悴，依然献上无数深吻，

他的热情越来越高涨，

再也不愿意离去：

他唇齿间吐出的话语如同轻纱一般，

只是带着几分残酷：

"我的问候就是告别，

我的到来就是离去，

我将早早地夭折。"

*

这时，四周的一切都在倾听

屏气凝神（所有歌声都停歇了），

群山因为战栗而闪过一道寒光，

四周的一切都陷入了沉思，——

一言不发——

*

这是在中午，

正午时分，

盛夏开始爬到群山之上，

夏天，这位少年的眼神热烈而疲倦。

秋天

已经是秋天了——秋天如此令你心碎!

飞去吧! 飞去吧! ——

太阳慢悠悠地往山上爬,

爬啊, 爬啊,

一步一停歇。

*

世界变得多么萧条啊!

风在老旧而松弛的琴弦上,

弹唱着它的曲调。

这曲调所追忆的,

正是逝去的美好希望。

*

已经是秋天了, 秋天如此令你心碎!

飞去吧! 飞去吧!

哦, 树上的果实,

你摇摇欲坠,

黑夜向你吐露了什么秘密，

以至冰冷的战栗布满了你的脸颊，

你紫色的脸颊？

你沉默而不作答——

还有谁在开口讲话？——

*

已经是秋天了——秋天如此令你心碎！

飞去吧！飞去吧！——

"我并不美丽，"——

七瓣莲这样说道，——

"可是我喜爱世人，

我使人们感到慰藉——

人们能看到许多我这样的花，

他们向我俯下身子，

把我折断，啊——

那时他们的眼中闪烁出回忆的光辉，

回忆着远比我更美丽的事物,

我看得出来——看得出来——我就此枯萎下去。"

*

已经是秋天了——秋天如此令你心碎!

飞去吧!飞去吧!

斯塔列诺公墓

少女啊，你轻轻抚摸着

羔羊柔软的毛皮，

你眼眸中闪烁的光和火焰

从未止息。

惹人怜爱的小姑娘，

蒙受远近欢迎，

心地虔诚而善良，

你是最可爱的!

*

是什么过早打破了你的牵绊?

是谁伤透了你的心?

你要是爱上了谁，

试问哪个人不会欢欣鼓舞呢? ——

你沉默不语，但你的双眼噙满泪水，

你沉默不语：你一心只想死去，

你这最可爱的人。

小天使号

"小天使"，人们这样称呼我！——
现在是一只小船，从前是个小姑娘，
啊，现在还是一个小姑娘！
因为我的舵盘如此灵巧，
总是指着爱情的方向。

*

"小天使"，人们这样称呼我，
一百面旗子迎风飘扬，
最聪明的船长，
自吹自擂地甘愿为我掌舵
（他自己仿佛也成了一个点缀）。

*

"小天使"，人们这样称呼我，
不管什么地方，只要有渴慕我的情郎，
我都愿意像一只小羔羊那样，
热切地奔跑过去。

（我一直是这样的小羊！）

*

"小天使"，人们这样称呼我——
你认为我会像小狗一样汪汪乱叫，
我的嘴里会胡乱喷出烟雾和火焰，
啊，我的小嘴确实有些可恶！

*

"小天使"，人们这样称呼我——
我曾经口出恶言，
传到了我爱人的耳朵里，
他便迅速地离我远去：
啊，我的话语使他如此痛苦！

*

"小天使"，人们这样称呼我，
听到这个消息，
我就从悬崖上跳了下去，

还摔断了一根肋骨：

我的灵魂从骨架中脱离出去，

是的，它经由那根肋骨离我而去。

*

"小天使"，人们这样称呼我——

我的灵魂像飞跃的小猫一样，

一处，两处，三处，跳转了许多地方，

最后径直落在这只小船上，

确实，它的爪子敏捷异常。

*

"小天使"，人们这样称呼我！——

现在是一只小船，从前是个小姑娘，

啊，现在还是一个小姑娘！

因为我的舵盘如此灵巧，

总是指着爱情的方向。

少女的歌声

昨天，我正当 17 岁芳龄，

我是一位智慧而美丽的少女，

现在我的头发变成了灰色，

我仿佛是老人之中最老的一个，

除了头发的颜色不尽相同。

*

昨天，我萌生出一个思想，

思想？——你们尽管嘲笑和讽刺！

你们可曾萌发过思想？

你们充其量产生过感情而已。

*

女人敢思考吗？

有句古老的金言说道：

"女人必须顺从，而不是做领导者；

她们一旦开始思考，就不会再甘心顺从。"

*

智慧的声音还在说些什么——我全都不信

它就像跳蚤一样跳来跳去，到处叮人：

"很少有会思考的女人；

就算她会思考，也毫无用处！"

*

对古代流传下来的箴言，

我在此表示最大的敬意：

现在，请听我阐述我的智慧，

它蕴含着绝妙的精髓。

*

你要是能够听见的话，

昨天，我心里像往常一样

又发出了一个声音：

"女人的确更为漂亮，

但更有意思的却是——男人！"

善良者，仁慈者，最可爱者

我爱逝者长眠的墓穴，

还有刻在大理石上虚伪的墓志铭，

因为这些使我感到有趣，

使我的灵魂得以放松。

*

今天，唯独今天，

看着墓碑上的肖像和铭文，

我的心里泪流不止。

*

墓碑照片里的人（你们不必知道是谁）

我不久前才刚刚亲吻过。

要吻的东西实在太多了，

可是我为什么要亲吻——黏土呢？

*

谁知道是为什么呢？

有人嘲笑我是一个"墓碑痴"：

我不否认——我确实亲吻过哪些墓碑——

我甚至还亲吻了长长的碑文。

致友谊

向友谊致敬！

我至高无上的希望，

我的第一道曙光！

道路和黑夜似乎都没有尽头，

迢迢人生长路，

漫无目的又令人厌烦！

如今，我要再度活下去，

我从你的眼中看到了

晨曦和胜利，

你这位最亲切的女神！

松树和闪电

我生长在远远高于人类和野兽的地方，

我说话——却没有人做出回应。

*

我长得太高，太寂寞，

我的树冠高耸入云端，

我一直在等待：我在等待什么呢?

*

云海近在咫尺，

我等待的正是第一道闪电。

秋天的树

当我正处于幸福的蒙昧之中时，

你们这些蠢货为什么要叫醒我？

从来没有比这更深的恐惧震撼过我——

我金色梦幻般的心境瞬间消失无踪了。

*

你们这些长着象鼻的贪吃熊，

应该先敲门啊！你们的礼貌都丢到哪里去了？

害我吓得猛然把一盘盘成熟的果实

全都倾倒在你们头上。

在敌人们中间——根据一则吉卜赛谚语而作

这边是绞架，那边是绞索，

还有刽子手发红的胡子。

周围一大群人纷纷投来恶意的目光：

这一切对我来说都算不上新奇。

这种场面我已经经历了太多次，

我笑着当你们的面大声喊叫，

"想要绞死我纯粹是白费力气：

死亡？不，不，我才不会死去呢！"

*

乞丐们，你们全都嫉妒我！

因为我得到了你们没有得到过的东西！

我的确经受痛苦，

但是你们——却会丧失性命。

尽管曾多次濒临死亡的困境，

可我仍然保有气力、光明和呼吸。

想要绞死我纯粹是白费力气，

死亡？不，不，我才不会死去呢！

新哥伦布

哥伦布说："亲爱的，不要再

相信任何热那亚人。

他们总是向着湛蓝的天空远眺，

他们的灵魂总是被遥远的地方吸引。"

*

我非常珍视陌生感

热那亚，已经沉没，逝去

心啊，冷静些！手啊，掌好舵！

面前这一望无际的海洋，

终于行驶到了陆地。

*

我们要牢牢站稳脚跟，

我们绝不能放弃这场角力——

在远处恭候我们的是什么呢?

是死亡，幸福，还有荣誉。

在孤独之中

一群聒噪的乌鸦

乱哄哄地扑棱翅膀飞向了城镇；

很快就要下雪了——

有家可归真是幸福啊！

*

你木然伫立在那里，

回首来路——啊，已经这么久远了！

你这个傻子，

为什么在冬季来临之前

要逃往世间？

*

这个世界——是通往无数

沉寂而惨淡的荒野的大门！

谁要是失去了你所失去的东西，

就将无处安身。

*

你面色苍白地站在这里，

好像注定要经受这场冷酷的朝圣，

如那缕轻烟一般，

想要上升到比寒凉更加寒凉的天穹。

*

飞吧，鸟儿，放声鸣唱，

唱响你的歌，那种独属于荒野禽鸟的歌！

你这傻瓜，把你流血的心藏入坚硬的冰层！

藏在谁也触不到的地方。

*

我们要牢牢站稳脚跟，

我们绝不能放弃这场角力——

在远处恭候我们的是什么呢？

是死亡，幸福，还有荣誉。

*

一群聒噪的乌鸦

乱哄哄地扑棱翅膀飞向了城镇；

很快就要下雪了——

无家可归的人真是悲惨啊！

我的回答

天啊！——人们竟以为我会

重返那些暖烘烘的屋子

那燃烧着德式炉火的安逸窝

　*

朋友啊，要知道

正是你的愚蠢使我被迫远遁——

我为你感到悲哀

也为所有的德国傻瓜而悲哀！

威尼斯

在一个夜色柔和的晚上，
我伫立在桥边，
歌声从远方飘来——
金色的水滴翻涌着，
消失于波光粼粼的水面，
音乐，游艇，灯火
沉醉地融入暮色之中。
*

我的灵魂仿佛弦乐一般，
暗自触动，轻声鸣响，
一首静悄悄的游艇之歌，
因为绚烂的幸福而微微战栗。
有人在倾听它吗？

短句

当心：有毒

谁要是在此处不会发笑，

那他就最好不要开始阅读；

因为如果他阅读了却没有发笑，

疾病就会把他擒住！

如何寻求同伴

跟爱开玩笑的人开玩笑是恰当的：

喜欢胳肢他人的人自己最容易发痒。

语言

我非常喜爱生动的语言,

它跳起来就像快乐的小鸟一般灵活,

满心愉快地点头致意,

尽管这种欢迎略显笨拙,却不失甜美,

虽然血气很足,但也会令人气喘吁吁:

它甚至会悄悄爬进鸽子的耳朵:

要么把自己蜷作一团,要么为飞翔做准备,

无论它做了什么,语言都会带来欢乐。

*

然而语言本身又十分虚弱,

时而生病,时而痊愈:

要是想让它的小生命保持长久,

你拥抱它时务必要轻柔,关切,

而不能粗暴地触碰它,

因为即使是凶狠的眼光也足以杀死它!

它会横尸某处,元神俱散,可怜的家伙!

变得那样僵硬、杂乱而又冰凉。

遭受过死亡的无情摧毁之后，

它的躯体惨遭肆虐，已经面目全非。

*

关于死亡的语言是可憎的东西，

一个不结果实却嘎吱作响的荒凉地。

我诅咒一切丑陋的交易，

它注定会扼杀所有小的语言。

漂泊者及其影子

[一本书]

不能再继续，也不能往回走？

在这里就连岩羚羊也无路可走？

*

我在这里等候，并且紧紧把握着

眼睛和手让我把握的东西！

*

五尺宽的岩脊，曙光中的呼吸，

在我之下的是——世界，人类和死亡！

[快乐的智慧]

这不是书——书算得了什么？

棺材和裹尸布又算得了什么？

它们成为牺牲品的时代已经过去了，

但在我的书里永葆今朝。

*

这不是书——书算得了什么？

谁会在意棺材，裹尸布和鬼魂呢？

这是一个迹象，一个意志的行为，

无论好坏，这是最后一次毁坏桥梁。

这是一阵海风，一次拔锚启航，

这是一阵齿轮声响，一次掌舵定向。

大炮轰隆，白烟滚滚，

大海这个怪物——却在放声大笑，

它在享受这游戏的意味。

无私奉献

有一天想要讲许多话的人，

必要先陷入沉默，把这些话秘藏于心。

有一天想要触摸闪电的人，

必先长久地作为天上的云。

新约

这是你用来祝福、诅咒，

极为神圣的祈祷书吗？

可要是打开它看一眼，

就会发现上帝与别人的妻子通奸。

真正的德国人

"最伪善的民族啊，只有我才是真实的。"
他这样说道，同时身乘灵便的小船，
驶向了世界之都。

致达尔文主义者

这位老实的英国人就是愚人，

而不是你们以为的什么……哲学家！

把达尔文和歌德相提并论，

就是在嘲弄威严，

冒犯神圣！

致哈菲兹——一位饮水者的祝酒问题

你所建造的酒馆，

比所有的房子都要高；

你在那里酿出的牛奶甜酒，

全世界的人永远都喝不完。

曾经降临世间的神鸟，凤凰，

现在是你的座上宾。

生出过一座山的老鼠，

坦白说就是你本人！

你是全和无，你是酒馆和酒，

你是凤凰，也是山和老鼠。

回到你自身憔悴不堪，

或者从你的房子中飞出来。

从一切高峰处下沉，

在深底时仍然熠熠生辉。

你是所有醉者的沉醉，

你为什么还想要——酒呢？

致斯宾诺莎

"一切中之一"的狂热信徒，

以理性的虔诚来热爱神，

脱掉鞋子！在这片无比神圣的土地上！——

然而在这种热爱之下，

暗暗闪烁着复仇的火光，

希伯来人的憎恨吞噬了希伯来人的神。

隐士啊！我没有说错你吧?

阿图尔·叔本华

他所教导过的，已成为过去，

而他遵守的生活准则，将长存于世：

看看这个人！他从来不做奴隶！

从来不向任何人屈膝！

致理查德·瓦格纳

你，饱受镣铐折磨的人，

你的精神从没享受过安宁和自由：

尽管多次取得成功，骨子里却依然畏缩，

厌恶的情绪越积越深，备受鞭挞和冲击，

终于，你从一切香油中饮鸩止渴。

唉！你也成了拜倒在十字架之下的人，

就连你也被征服了！

*

我观察这场荒诞的戏剧很久了，

我闻到了监禁、墓穴和恐惧的气味，

其中还混杂着教会的臭味儿，焚香的烟云弥漫缭绕，

我心中既惊奇又恐慌。

可现在，我把傻瓜的帽子高高抛过头顶，

因为我逃离了这出戏！

南方音乐

我的鹰曾经看清的一切，

现在我的心也能够看到、感觉到了

（尽管我的希望已经苍白褪色），

你的歌声像利箭一般穿透我的耳朵，

仿佛从天而降的

耳福和感官之福。

*

现在就把舵盘转向南方的土地吧！

去希腊宁芙[1]女神庇佑的幸福岛！

哪艘船有幸发现过这样美好的港口呢！

---

1 宁芙（Nymphs），希腊神话中居住在山、河、森林等地，以美丽少女形象出现的精灵。

一则谜语

一则谜语——你知道它的答案吗?

"要是想获得男人,就得先发明女人。"

致虚伪的朋友

你曾偷窃，你的眼睛已经不再澄澈，

你只是偷了一个思想吗，先生？不，

为什么如此谦逊地祈祷呢？

留下来再偷取一些别的东西啊，

你这猪猡，你大可以拿走我的一切，

吃掉它们可以清除你身上全部的污秽。

朋友尤里克

鼓起勇气来，朋友尤里克！

如果你的思想使你痛苦，就像现在这样，

恐怕它就不是"神"，即使它谎称自己为神。

使你感到折磨和苦恼的，

不过是你自己的孩子，

不过是你的血和肉，

你的小淘气和捣蛋鬼，

试试棍棒能不能让他改变心意！

*

简要来说，朋友尤里克，

放弃那种惹人厌的哲学吧——

现在我要对你的耳朵说一句话，以作灵药，

这是我自己的处方，

我用以对付忧郁的灵药。

"我觉得谁要是热爱他的神，就该好好管教他。"

决心

我是聪明的，因为我快乐

并非是受命于别的什么人：

我之所以赞美上帝，

是因为他把世界造得尽可能愚蠢。

*

假如我把道路走得尽可能弯曲，

低下身子，蜿蜒行进，

明智的人会以此作为开始，

愚蠢的人却——就此止步。

*

世界从来不会静止不动，

漆黑的夜晚热爱灿烂的白昼——

甜美的声音说："我愿意！"

更加甜美的声音说："我可以！"

美好的

今天，一个女人羞怯地向我问道：

"如果你清醒的时候就已经非常快乐，

那你狂喜的时候会是什么样子呢？"

尾声

大笑是一门严肃的艺术。

我最好每天都笑一笑。

我今天笑得好还是不好呢？

是从心里迸发出喜悦的火花吗？

如果仅仅是看似快乐地摇头晃脑，

心里却没有任何感情，

那么根本毫无意义。

狄奥尼索斯酒神赞歌

(1888 年)

这些是查拉图斯特拉为了熬过最后的孤独时光而唱给自己的歌。

最富裕者的贫穷

十年过去了，

没有一滴雨降落到我身上。

没有湿重的风，没有爱的雨露，

——我就是一片不雨之地……

现在我请求我的智慧，

不要在这场旱灾中变得吝啬，

让你自己充盈、流溢，滴下露水，

让你自己成为干裂荒野的甘霖。

*

我曾经命令乌云离开我的群山，

我对它们说："乌云啊，别挡住阳光！"

现在我却想让它们过来：

用你们的乳房使我这里黑暗起来吧，

——我要挤你们的奶，

你们这些高山的奶牛！

我要把温热如奶的智慧，把饱含爱意的甘露，洒遍这片土地。

*

去吧，去吧，你们这些显得阴郁的真理！

我不想在我的群山上看到

任何严厉焦躁的真理。

今天，真理闪着金光

微笑着走到我近旁，

它被太阳照射得妩媚动人，被爱意染成了褐色，

我欣然从树上摘取了成熟的真理。

*

今天我向偶然的发辫伸出了手，

十分巧妙地以智取胜了，

像引领小孩子一样引领它。

今天我要盛情接待不受欢迎的来客，

即使对命运本身也不想竖起硬刺……

——查拉图斯特拉并非刺猬。

*

我的灵魂，

贪婪地伸着它的舌头，

已经品尝过所有或善或恶的事物，

已经沉潜过所有深渊。

可它总是像软木塞一样，

一再地上浮到表面，

像油一样漂荡在褐色的海面上，

因为这个灵魂，我被称为幸运的人。

*

谁是我的父亲和母亲呢?

我的父亲是富裕的王子吗?

我的母亲是静静的微笑吗?

然后他们俩结合生下了我这个神秘的野兽——

我这个光之怪物——

我这个一切智慧的挥霍者，查拉图斯特拉?

*

温情如同带着露水的风一样，

今天，查拉图斯特拉不堪其扰，

他坐在群山上等候，等候——

沉浸在甘甜醇熟的真理果汁中。

在他的顶峰之下，

在他的冰层之下，

疲倦而幸福，

就像创世到了第七天的造物主。

*

——安静！

一个真理像云一样飘荡在我的上空——

它用看不见的电光击中我。

真理的幸福踏着宽敞的台阶缓缓向我走来，

来吧，来吧，我深爱的真理！

*

——安静！

这是我的真理！

在犹豫不决的眼睛里，

在天鹅绒似的战栗中，

它那可爱，淘气，像小姑娘一样的目光，

碰上了我的目光。

它猜测我幸福的缘由，

它猜测我的心思——哈！它在想什么呢？

一条深红色的巨龙，

潜藏在它那小姑娘似的目光深处。

*

——安静！我的真理在发言！——

*

你真可悲，查拉图斯特拉，

你看起来就像一个吞了金子的人。

他们还要剖开你的肚子！

*

你太富裕了，

你腐化了许多人！

你令太多的人心生妒忌，

太多的人陷入贫穷……

就连我也被你的光投下了暗影——

我冷得发抖：走开，你这个富人，

走开，查拉图斯特拉，从我的阳光之路上走开。

猛禽之间

凡是从这里跳下去的人，
都会很快就被深渊吞没！
然而你，查拉图斯特拉，
你却热爱深渊，
就像枞树爱它那样！

*

枞树扎根的深谷，
连岩石往下俯瞰时，
也要吓得浑身发抖。
枞树在各个深渊处暂时停歇，
那里的一切都在下沉：
在急速奔腾的溪流不耐烦的时候，
它却独自耐心、坚定地等候着，
一句怨言也没有。

*

孤独！

谁还敢冒险来这里做客——

做你的客人呢？

*

或许会飞来一只猛禽，

它站在那棵顽强大树的枝干上，

持续不断地幸灾乐祸，

疯狂地大笑，

一只猛禽的笑……

*

为什么如此执着？

——猛禽发出残酷的嘲笑：

热爱深渊的人，必须要有翅膀才行，

而不是像你这样待在悬崖边，

像被挂在了绞刑架上一样！——

*

哦，查拉图斯特拉，

你这最残酷的宁录[1]！

不久以前，你还是上帝的猎人，

一张捕获道德的罗网，

一把射穿邪恶的利箭！

可是现在，

你变成了自己捕获的对象，

变成了你自己的猎物，

你被自己的灵魂牢牢困住了！

*

如今，你孑然一身，

形影相吊，备感孤独，

你面前无数的镜子映出的全是幻象，

你心里无数的回忆全都游移不定，

伤口令你疲惫不堪，

1　宁录（Nimrod），《圣经》中诺亚的曾孙，是一个优秀的猎人。

风霜使你瑟瑟发抖，

你被自己的绳索套住，

你这个自知者，

你这个绞死自己的人！

*

你为什么用你智慧的绳索捆住你自己？

你为什么把自己引诱到古蛇的乐园中去？

你为什么偷偷钻进你自己之中去——你自己？

*

如今你是个病人了，

中了蛇毒的病人。

如今你是个囚犯了，

抽到最倒霉的签的囚犯。

在你自己挖的坑里，

弯着身子干活；

在你自己的洞穴中，

开凿你自己。

无助，僵硬，一具冰冷的尸体，

背负着数不清的重担，

还有你自己这副超级重担！

一个明白人！

一个认识自己的人！

明智的查拉图斯特拉！……

*

你寻找最沉重的负担，

于是你发现了你自己，

而且你绝对没办法甩掉你自己……

*

注视着，咀嚼着，

一个再也无法直立的人！

你甚至在坟墓中也会发生扭曲，

一个畸形的精神！

*

不久以前你还那样高傲，

趾高气扬，不可一世！

不久以前你还是个不信神的隐士，

与魔鬼相依为伴的隐士，

一切恶作剧的红衣王子……

*

现在，你在两个虚无之间，

蜷缩着身体，

像一个问号，

一个猜够了的谜，

猛禽难解之谜……

它们一定要"解开"你，

它们迫不及待地要找到谜底，

它们围绕着这个"谜语"，

围绕着你，这个命中注定的人，飞了起来，

哦，查拉图斯特拉，

这个认识自己的人！

这个绞死自己的人！

太阳沉落了

你不会再长久地干渴下去了，

焦躁难耐的心！

承诺在空气中飘荡，

我感受着素不相识的人们口中的气息，

———阵巨大的凉爽向我袭来……

在正午的烈日酷热当头时，

我无比欢迎你们的到来，

你们这样突然吹起的风，

就是午后的凉爽精神。

空气流动得新奇而又清新，

黑夜斜着眼睛看我，

好像一个引诱者！……

保持坚强，我勇敢的心，

不要问"为什么"。

[2]

我生命中的某一天，太阳沉落了！

平静的波面被染成了金色，

岩石呼出热气：

难道是幸运女神躺在它上面午睡吗？

在碧波的闪光中，

幸福在深褐色深渊里微微闪烁。

我生命里的某一天，黄昏将近时，

你眼睛里的光辉已经失去了一半，

它涌出像露珠一样的眼泪。

雾气迷蒙的海面上，

流淌着你的爱意的紫色光芒，

还有你最后犹疑的神圣。

[3]

金色的喜悦啊，过来吧！

你是最甜美的征兆——

是死亡最甜美的征兆！

——难道我走路走得太快了，

现在我的脚已经疲惫不堪了，

你的目光还在追逐着我，

你的幸福还在追逐着我。

*

在我周围只有波浪和戏耍，

以往的艰难，

——全都沉入了蓝色的遗忘之中，

我的小船现在悠然自得。

海上航行和那些风暴——它怎么全都忘了！

愿望和希望沉没了，

大海和灵魂平静地躺着。

*

七重的孤独！我以前从未感受过！

美好的安定感离我更近了，

太阳的光芒也越发温暖。

——我山顶上的冰不是还闪着光吗?

我的小船十分轻盈，银光闪闪，

像一条鱼似的在水里漂着……

遗愿

我愿这样死去，

像我以前见到的他去世时的样子，

这位朋友，他曾经像神一样

把闪电的光和火

投向我黑暗的青春年代。

他性格奔放而又不失深沉，

即使在最残酷的战争中，

也依然保有愉悦的舞者之心。

*

在战士中，他是最快活的人，

在征服者中，他是最慎重的人——

他是命运之上的命运，

倔强不屈，反思过去，

预想未来，他就是如此。

*

他为自己取得胜利感到恐慌，

当胜利和死亡双双扑面而来时

又激动不已。

*

他濒死之际还在下达命令，

他命令士兵去消灭。

*

我愿这样死去，

像我以前见到的他死去时的那个样子，

获胜，消灭。

灯塔

这里，在海水之中生出了小岛，

陡然高耸起一块献祭的岩石。

这里，在黑暗的天空之下，

查拉图斯特拉点起了山火，

灯塔为迷途的船只指引方向，

灯塔是为心中已经有答案的人准备的！

*

腹部灰白的火焰，

向寒冷的远处吐着长长的舌头，

向更加纯净的高空扬起了脖子——

仿佛一条因为急躁而高高竖起的蛇，

这是我为自己设立的信号。

这束火焰就是我自己的灵魂，

它永远不满足于已经取得的距离，

它安静而迅速地向上烧着，不断向上。

*

为什么查拉图斯特拉要逃离所有的野兽和人类？

为什么他要离开所有坚实的陆地？

他已经认识到了六重孤独——

但大海对他来说还算不上孤独，

他在岛上爬山，爬到山顶变成火焰。

为了寻找第七重孤独，

他把钓钩高高甩过头顶，投放下去。

*

在海上颠沛流离的渔夫们！

古老星辰的残片！

未来的大海！难以定向的苍穹！

我现在向一切孤独者投出钓钩，

给急不可耐的火焰一个答复吧，

让我这个高山上的渔夫捕捉到

最终的第七层孤独吧！——

未读小经典：瞧，这个人

[德] 弗里德里希·威廉·尼采 著

刘凤怡 译

图书在版编目（CIP）数据

瞧，这个人 /（德）弗里德里希·威廉·尼采著；

刘凤怡译 . — 北京：北京联合出版公司 , 2018.7

（未读小经典）

ISBN 978-7-5596-2226-6

Ⅰ . ①瞧… Ⅱ . ①弗… ②刘… Ⅲ . ①尼采

(Nietzsche, Friedrich Wilhelm 1844-1900) —自传 Ⅳ .

① B516.47

中国版本图书馆 CIP 数据核字 (2018) 第 118213 号

Ecce Homo　　　　　　　by Friedrich Wilhelm Nietzsche

选题策划	联合天际
责任编辑	崔保华
特约编辑	王 微
美术编辑	冉 冉
封面设计	@broussaille 私制

未
UnRead
—
思想家

出　版	北京联合出版公司 北京市西城区德外大街 83 号楼 9 层　100088
发　行	北京联合天畅发行公司
印　刷	三河市冀华印务有限公司
经　销	新华书店
字　数	100 千字
开　本	787 毫米 × 1092 毫米 1/32　8.75 印张
版　次	2018 年 7 月第 1 版　2018 年 7 月第 1 次印刷
I S B N	978-7-5596-2226-6
定　价	49.80 元

关注未读好书

未读 CLUB
会员服务平台